中国应用新闻传播
十大创新案例（第一辑）

主　编／张志安
副主编／陶建杰

南方日报出版社
NANFANG DAILY PRESS
中国·广州

图书在版编目（CIP）数据

中国应用新闻传播创新十大案例. 第一辑 / 张志安主编. -- 广州 : 南方日报出版社, 2018.9
ISBN 978-7-5491-1904-2

Ⅰ. ①中… Ⅱ. ①张… Ⅲ. ①新闻学－传播学－案例－中国 Ⅳ. ①G219.2

中国版本图书馆 CIP 数据核字(2018)第 223804 号

ZHONGGUO YINGYONG XINWEN CHUANBO CHUANGXIN SHIDA ANLI DIYIJI
中国应用新闻传播创新十大案例(第一辑)
张志安 主编　　陶建杰　副主编

出版发行：南方日报出版社
地　　址：广州市广州大道中 289 号
电　　话：（020）83000502
经　　销：全国新华书店
责任编辑：刘志一
装帧设计：邓晓童
责任校对：王　燕
责任技编：王　兰
印　　刷：广东信源彩色印务有限公司
开　　本：787mm×1092mm　1/16
印　　张：9
字　　数：140 千字
版　　次：2018 年 10 月第 1 版
印　　次：2018 年 10 月第 1 次印刷
定　　价：38.00 元

投稿热线：（020）87373998-0503　**读者热线**：（020）83000502

代序 Preface

应用传播创新的标杆、路径和符码

张志安

由中国新闻史学会应用新闻传播学研究会颁发的“2017中国应用新闻传播十大创新案例”新鲜出炉，获奖的十大案例经由学界和业界专家提名和两轮推荐评审评出，反映了中国媒体在融合生产、技术应用、传播变革领域的前沿探索，具有很强的引领性、示范性和创新性。

这次获选2017中国应用新闻传播十大创新案例的媒体，主要包括三大类：其一，专业媒体。有人民日报社新媒体中心、新华网这样的中央媒体，也有浙江日报报业集团、澎湃新闻、封面新闻、新京报“我们视频”这样的省市媒体，还有财新传媒数据新闻中心这样的市场化程度较高的媒体。其二，平台媒体。包括因算法推荐而崛起的资讯聚合型平台媒体今日头条和因社会化生产的“众包”形式而兴起的视频类平台梨视频。其三，机构媒体。在全国数十万个政务新媒体中脱颖而出的上海发布。

对这些案例的创新实践，我们一直在跟踪和观察，这次评选和颁奖不仅想要体现出我们的追随和倡导，也希望在这些案例基础上汲取中国新闻业研究的理论滋养和启发，由此推动我们应用新闻传播研究的学术创新。这些获奖案例给我们提供了非常好的观察、解读中国应用新闻传播创新标杆、路径乃至符码的窗口。

如果每个案例，我们都能找到一两个关键词去概括的话，会是哪些呢？关于今日头条，我想到两个词：平台、算法。如果我们走进今日头条公司的内部去观察，真正做内容的团队规模远少于算法和技术团队，以技术文化为主导的内在驱动力让这家平台媒体作为中国新闻业的“新行动者”，快速占据了移动化传播的信息枢纽位置。对算法所引发的传播革命，我们需要理性对待，头条也有自己的焦虑和责任，比如对算法可能导致用户的认知偏差等负面效应进行不断矫正和优化。

伴随平台媒体的兴起，的确越来越多的专业媒体面临着读者流失、广告下滑、生存不易的挑战，投入原创、品质新闻的生产成本也在不断压缩。真正像《新京报》、澎湃新闻这样非常好的内容供应商，逐渐变得稀缺，甚至腾讯网这样的商业门户也需要重新审视，他们需要花费多大代价来购买传统专业媒体供给的内容。可以预见，未来很长时间里平台媒体的内容来源，可能是若干家重点主流媒体的原创新闻，与日益规模化的用户生产和创作内容。类似梨视频所做的众包内容，或者政务新媒体等机构媒体的内容生产。包括政务微博、政务微信、政务微头条等在内，中国已经有接近40万个政府部门建设了不同层级的政务新媒体。

综观当下主流的网络平台，他们各自之间也在日益融合。今日头条2017年推出了“头条号”，意味着它在走社交化路线，强化了“微博化”的功能。手机百度也在变，打开后不仅仅是个搜索框，还能看到类似今日头条这种资讯客户端的界面，可以说百度也在“头条化”。同时，微信推出“看一看”和“搜一搜”功能，作为当下最主流的社交媒体平台，它也在“头条化”和“百度化”。你会发现，不同媒体平台的技术创新和内容迭代背后都有相似的共通逻辑：移动化、社交化、智能化。

新华网的融媒体报道作品，大家可能会觉得它非常重视创意，因为他们展现了那几个爆款产品，但并不意味着常态化的内容产品都是这样生产的。为了重大的选题策划，他们需要有集中的资源投入、外部资源的整合、充满创意的设计，如果没有表达创新、形式创意和价值创造，正面宣传报道很难真正“入脑入心”。新华网的《国家相册》系列作品，大家看了之后耳目一新，静态图片通过注入新型技术，实现了表达手段、内容要素和移动传播的有机结合。有意思的是，他们对技术驱动和创新的重视，这不仅体现在新华网融媒体产品中心，还体现在新华网融媒体未来研究院，他们正在悄然布局，做很多关于智能设备开发和应用的技术创新，比如在智能汽车上安装传感器，收集驾驶员涉及疲劳驾驶等方面的相关信息，在创新应用产品、提升公共服务方面有所贡献。所以，如果要用两个词来概括新华网作为获奖案例的特点，那就是创意和技术。

澎湃新闻早期的新闻报道侧重异地监督，由此赢得极大关注，为适应新时代对媒体的新要求，又进行定位调整和报道改革。尽管在技术表达和介质形态上，澎湃新闻一直在变化，但是从《东方早报》到澎湃新闻从来没有变过的是什么？专业。澎湃新闻的前身《东方早报》和一般都市报的气质是不一样的，我们把它叫作“主流都市报”，定位于影响主流人群，特别重视它的专业价值。澎湃新闻在承接《东方早报》气质和文化的基础上，更加注重适应移动互联网的传播要求。这个原创新闻的网络平台，最有价值的是这两个关键词：时政和思想。这说明它依然把它的专业价值和目标群体有效结合，立足做好一个原创新闻平台，关心中国政治和社会发展。原创新闻产品在技术形态上需要持续创新，在内容价值上又需要有所坚守。

澎湃新闻是中国第一家拿到原创新闻牌照的新闻客户端，而封面新闻是第二家也是最后一家拿到原创新闻牌照的客户端。与澎湃新闻相比，封面新闻可能更加市场化，更强调智能技术的开发和运用，对技术文化的创新实践始终抱有热情。这可能和他们受到互联网文化的影响是有关的，因为封面新闻是传统媒体中最早跟淘宝、阿里等进行合作的媒体，能更深刻感受到互联网文化对传统报业的影响，把它和原来的专业文化进行融化，所以如果要给封面新闻找关键词，我觉得是：内容和智能。

梨视频的内容生产，既强调众包又强调专业，针对用户生产的内容，平台如何建立起适宜的版权合作机制，这个问题值得探讨。他们除了做出一套有效的审核标准外，最主要的是通过一套加工方式，让公众生产的众包内容有了更好的内容品质、更移动化的传播形态，而且这种平台介入的内容加工，也解决了他们和众包用户共享版权的机制问题。从内容定位上看，梨视频也适当调整策略，避免管理者将其定义为“新闻平台”，而是转向了年轻人喜爱的社会生活和所见所闻，在梨视频这个平台上我们能够感受到视觉的力量。所以，众包和视觉，是梨视频的关键词，他们筛选资讯短视频的技术标准也耐人寻味，人性、现场感和效率，这难道不是新闻价值观在视频内容领域里的新体现吗？

新京报“我们视频”负责人的刘刚，原来是一位资深调查记者，后来转去做时政报道，紧接着又开始做视频新闻，他们应该对如何在报道空间和专业追求之间保持平衡有更深的体悟。“我们视频”让大家看到新京报的团队从来没有忘掉初心，依然关注着重大事件的新闻现场。五年前或十年前，每当重大事件发生的时候，现场可能会去十家、二十家报社，如今，专业媒体对深度报道团队和预算的压缩、依托互联网兴起的“新闻加工业”，都导致真正让记者在路上、去现场的媒体越来越少。

在我看来，人民日报社新媒体中心、浙江日报报业集团、新京报“我们视频”、财新传媒数据新闻中心、上海发布等获奖案例，他们的关键词都可以是：专业和创新。人民日报社新媒体中心在社交媒体运营、粉丝用户群增加、正能量传播方面不断引领着央媒深度融合的创新潮流；浙江日报报业集团的“中央厨房”真正实现了党报党网党政客户端以网为核心、以网融报的流程再造，且在技术上舍得投入，为全国同类型报业集团的“中央厨房”建设提供了可资借鉴的解决方案；财新传媒始终坚持专业新闻理念，在数据新闻领域的开拓为其优质内容插上技术翅膀进行了成功的探路。

如果要对这十家媒体创新实践背后的内在规律和发展趋势进行总体概括，我觉得集中体现在三个方面。第一，专业。不管你是做短视频还是移动化传播，形态变化背后的专业价值永远都需要坚守，专业不仅包括专业规范、专业态度，还有专业操守和专业精神。第二，技术。技术具有颠覆性、革命性的力量，它会让我们拥有真正的创新动力，也会让媒体拥有真正的内在活力。第三，视觉。再好的内容，都越来越需要视觉化的表现手段，要充分满足用户的情感和体验需求。

从内容生产的“前台”看，我们或许主要看到专业、技术和视觉这三个创新路径。从内容生产的“后台”看，这十家媒体背后的生产机制、运营策略和组织文化才是其真正创新的符码。首先，是资源。市场化媒体拥有的更多是专业的采编队伍和注重市场的竞争意识，而党媒拥有的更多是行政资源和政策优势，比如从政府部门获得持续的经费支持，由此也拥有相对从容的组织文化。任何一家媒体要持续创新，就需要立足自身定位、盘活各种资源。其次，是机制。需要管理者的创新意识和微观运作机制的创新，比如财新传媒为支撑数据新闻在内部探索的采编人员、技术人员和产品经理的合作机制，上海发布为获取优质内容与各级政府部门之间建立的快速联动和合作机制。最后，是文化。总体来说，媒体创新离不开四种文化——宣传文化、专业文化、商业文化、技术文化，这四种文化在这十家媒体中都有不同体现、不同侧重。

综上所述，十大应用传播创新案例，既让我们把握了媒体融合环境下内容生产的移动化、视觉化、智能化趋势，也让我们领悟到不断进取、探索和创新的文化动力。归根结底，成功的关键都在于人，永远保持好奇心、自我更新和追求卓越的精神，中国媒体融合在深度推进中才会迎来更美好的数字新闻业。

（作者为中山大学传播与设计学院院长、教授，中国新闻史学会应用新闻传播研究会会长）

目录

CONTENTS

CONTENTS 目录

01 人民日报社新媒体中心

推进移动优先战略，应在提倡“内容为王”的同时，更加重视技术和平台的作用；树立用户思维和产品思维，制作交互式新闻，变“你听我说”为“交流互动”；探索沉浸式传播，让用户参与内容生产和传播；进行体制机制创新，通过合理的利益机制，调动、激发采编人员的积极性、主动性、创造性。人民日报社新媒体中心，尤擅于此。

主题演讲

跨平台传播穿透力的想象与突破

高位稳态背后：新媒体的用户焦虑

业界人士经常讲到一个词“焦虑”，这可能是近几年，频频被新闻传播学界和业界提及的词，业态在变化，职业在变化，工作方式在变化，我们都有深深的焦虑感。看看这样一张图，这是2016年年底一家数据机构发布的一张关于中国活跃移动终端数的趋势图，从2016年10月开始，中国活跃移动终端数迈过了10亿这样一个相当高的量级，在此之后增长曲线保持平滑增长态势，这说明什么？有人说互联网进入了下半场，我对这一观点不置可否，但至少从用户增长的角度来看，现在进入了一个高位稳态的区间。

无论是传统媒体推进融合发展，还是互联网传播都面临新态势，前几年那种高歌猛进的因为终端更新迭代所带来的用户增长的阶段基本过去了，或者说窗口期已经到了末端。在这种时候，我们需要观察一些新的趋势、寻求新的办法去突破。移动互联网信息、服务的结构在某种程度上已经走向固化，不同领域都形成了相当强大的平台，而内容成为平台之间一个重大变量，不少互联网企业重新把更多精力投放到内容上，让内容本身成为新的增量入口。

内容想象力：跨平台传播

这个内容可能不完全是传统意义上的内容，有人可能重金去打造大IP，有人在探索知识付费方式，有人探索内容垂直化、细分化，这些都是探索的路径。这次协会颁发的这个创新奖项叫作“重大主题报道的互联网化”，这也是人民日报新媒体近几年来着力去探索、突破的一件事，实际上就是实现跨平台的传播，在平台之间、群体之间、次元之间、场景之间打造一种穿透力。互联网舆论场中，人民日报新媒体要走一条大众化传播的路径，参与到热点生成、舆论发酵、传播引爆、影响持续的全过程中，坚持党中央机关报的政治和社会责任，继承一以贯之的价值和理念，给自己注入充足的互联网基因，为互联网用户，用互联网方式，做好互联网传播，做好移动传播，实现品牌延展、用户聚集、资源聚集。

决战移动传播：两场复盘

人民日报新媒体就是手机上的人民日报，我们把移动传播作为最重要的发力方向。在理念上对标互联网，用互联网的思维去搞传播、搞创新；在布局上体现移动优先，实施移动优先战略，把创新移动传播作为推进深度融合的重要抓手和主攻方向；在发展上捕捉互联网的新技术、新业态、新机遇，靠对互联网规律的深刻把握获得创新活力、发展动力。

建军90周年的报道，人民日报新媒体策划制作推出互动型H5产品《快看呐！这是我的军装照》，受到网友热评热转，特别是庆祝建军90周年阅兵期间，用该软件晒自己的军装照，在微信朋友圈、微博上形成刷屏效应，这被业界认为是近两年来最火爆的一款新媒体产品。截至目前，浏览次数近11亿，独立访客超过1.7亿。一分钟访问人数峰值高达41万。军装照的成功传播有以下几个要素：一是“热点”覆盖海量用户群；二是“共鸣”带来巨大关注；三是“参与”吸引反复尝试；四是“炫耀”引发病毒式传播。

在党的十九大新媒体报道中，人民日报新媒体又创造了一个传播高点。第一阶段，十九大前我们利用国庆节这个时机，推出了全民众筹的互联网活动——“我爱你，中国”。第二阶段，会议开幕，我们盯住核心议题，抓住黄金12小时实现新闻信息的快速有效传播。第三阶段，在核心信息已经基本上梳理完成之后，带动大家情感上的表达，推出微视频《中国进入新时代》《中国的红色梦想》。第四阶段，新一届常委产生后，推出以“新时代梦之队”为主题的传播。打通人民日报传统业务和新媒体业务，人民日报评论《引领新时代的梦之队》，新媒体的产品共同突出“新时代梦之队”，带来一种充满希望、青春洋溢的气息。纵观整个过程，重点解决了三件事：第一是核心信息的获取；第二是关键时间点情感的表达；第三是价值认同的共同载体。

我们不能只做传播，不做用户，要用传播带来用户回流，这对于我们媒体来说是很重要的，一定要让用户通过看到我们的内容回到我们的平台，成为我们的忠实用户，实现自有新闻客户端和社交渠道的有效打通、有效导流、分发和用户沉淀。

（演讲者刘晓鹏，人民日报社新媒体中心副主任）

“案例分析

关于移动优先的11条干货

2017年8月18日，人民日报整版刊发了一则《招聘公告》：人民日报新媒体向全社会公开招聘7个岗位共计8名高级专业人才。这是人民日报加快新媒体发展、推进移动优先战略的又一重要举措。

自2012年7月人民日报法人微博上线以来，人民日报社逐步形成了以“两微一端”为主体的移动传播新布局。人民日报“两微一端”用户总数已经超过3亿。

为什么要实施移动优先战略？如何实现移动优先？

现阶段媒体融合的主攻方向——移动互联网

当前，移动互联网已经成为信息传播主渠道，新闻热点生成、舆论发酵的主要策源地。不管未来如何发展，在现阶段，媒体融合的主攻方向无疑是移动互联网。因此，我们必须明确移动优先的战略，大力发展移动新媒体。

坚持“内容为王”，但反对简单的“内容为王”

继续让主流声音影响主流人群，形成主流舆论，这是推进媒体融合的初心。从这个角度讲，专业化的新闻生产，有社会责任感和价值引领作用的新闻产品，依然是必备品和稀缺品。因此，传统主流媒体从根本上还是要靠内容取胜。与此同时，趋势也十分明显：谁掌握了技术，谁就拥有了平台；谁拥有了平台，谁就占有了内容。在提倡“内容为王”的同时，我们必须更加重视技术和平台的作用。

坚持统一标准，但反对简单的“照抄照搬”

推进媒体融合，发展新媒体，必须和传统媒体坚持一个标准、一把尺子、一条底线。但是，不同的介质决定不同的传播内容。互联网传播，不能把传统媒介形态的内容，简单地“照抄照搬”进电脑、手机。必须树立互联网思维，尊重互联网传播规律，生产出能在移动互联网广泛传播的产品。“宣传”二字，“宣”是宣示宣告，“传”是传播传递。不能只有“宣”，没有“传”。

内容生产三维度：信息、情感、观点

互联网内容生产有什么规律？大致说来，有三个考量维度：信息含量、情感含量、观点含量。你和你的用户之间，是信息传播共同体、情感交流共同体，也是价值判断共同体。

一个新媒体产品要受到用户欢迎，说到底，就是要规避“假大空”，回归一个“真”字：传递信息，要有真材实料；交流情感，要有真情实感；表达观点，要有真知灼见。

交互式新闻：从“你听我说”到“交流互动”

在移动互联网时代，新闻传播正在从单向传播向双向互动转变，从“你听我说”的“课堂模式”向平等对话的“集市模式”转变。这就要求我们放下“高大上”的姿态，让网友在交流互动中接收信息、达成共识。

2016年2月19日，习近平总书记视察人民日报社，人民日报客户端现场制作了一个H5产品。用户在接听电话的人机交互中，愉快地接收信息，分享传播。

沉浸式传播：用户“置身其中”，参与内容生产和传播

2017年建军节前夕，人民日报客户端出品了H5产品《快看呐！这是我的军装照》，上线10天，浏览次数（PV）累计突破10亿，独立访客（UV）累计1.55亿。在交互式新闻的基础上更近一步，让用户亲自参与生成内容，成为传播链条中的一环，实现裂变式传播。

快看呐！这是我的军装照

微新闻：微言大义

不管赞同与否，碎片化阅读已经成为移动传播的一个突出特点。这就要求我们学会写短新闻，甚至是微新闻。事实证明，在某些时候，言简意赅的东西更能引发共鸣。

“中国，一点都不能少”话题总阅读量超过66亿，单条微博阅读量超过7亿，转发超过320万。

“中国，一点都不能少”话题

可视化：直播和短视频

新媒体就是全媒体，需要综合运用图文、图表、动漫、音视频等多种形式，实现内容产品从可读到可视、从静态到动态、从一维到多维的升级融合。目前看来，移动直播和短视频能够有效增加用户黏度，是公认的“风口”。当然，短视频并不是剪短了的视频，它的要诀是：同期声、大字幕、去电视化。

离开用户和产品的媒体融合、移动优先，都是大忽悠

用户和产品是在移动互联网语境下产生的新词。曾经被称作受众的人，变成了用户；曾经被视作载体的媒介，变成了产品。用户思维、产品

思维是媒体走向融合必须明确的概念。能否受到关注，能否产生社会效益与经济效益，都取决于媒体能否聚集海量用户，提供的产品和服务能否让用户满意。

实现移动优先，体制机制是关键

移动优先，不是媒体单位内部一个或几个部门的工作，而是整个媒体单位的战略。推动媒体融合，实施移动优先战略，要相应地调整媒体单位的体制机制（如组织形态等），打破媒体内部既有利益格局，按照移动互联网的规律布局并匹配资源，让资金、技术、人才向移动互联网方向倾斜。

持续移动优先，根本因素是人

推动媒体融合，实施移动优先，必须通过合理的利益机制，调动、激发采编人员的积极性、主动性、创造性。当前，传统媒体推动融合，发展移动新媒体，在人才方面存在两大劣势，一是总量不足，二是结构不合理。必须坚持激活存量人才，引进关键的增量人才。

着眼于移动互联网的发展趋势，从2017年开始，人民日报将重点建设全国移动新媒体聚合平台，依托已经启动的“人民直播”，适时推出“人民号”，与媒体同行共建共管共享，努力形成一个属于主流媒体自己的、体现社会责任和价值取向的内容生态。

让我们共同努力！

（作者丁伟，人民日报社新媒体中心主任）

专家点评

用户、产品、连接“三位一体”传播实践

人民日报新媒体在建军90周年报道中推出的互动型H5产品《快看呐！这是我的军装照》，毫无疑问是近两年来最火爆的一款新媒体产品。但这并不是一个偶发事件，而是人民日报新媒体在移动互联网时代不断探索、创新的必然结果。

我从人民日报新媒体的创新实践中得到三点启示。

第一，无用户，不媒体。在移动互联网时代，媒体的概念被泛化，媒体竞争的边界被无限延展，媒体的公信力面临重塑，媒体的用户需要重新获取，如果不能通过跨平台的优质内容传播吸引用户，媒体将有名无实。

第二，无产品，不内容。在移动互联网时代，内容浩如烟海，谁来定义优质与否？平台、生产者、用户往往各执一词，但是有一条应该成为共识，那就是一个内容不能变成用户愿意买单的产品，就很难说自己是优质内容。

第三，无连接，不传播。在移动互联网时代，优质的内容产品要在情感上、价值观上获得用户认同，要让用户有机会参与生产、创造、展示，才能形成用户的转发效应，这种用户与用户之间的连接才是传播的源动力。

（作者徐慨，南京大学新闻传播学院教授、副院长）

02 新华网

近年来，移动网络和智能设备的高速发展，使得视频的传播渠道向手机过渡，视听体验需求提升，视频开始变短，信息密度开始变大，传播渠道影响内容这一现象再次上演。与此同时，新华网也开始了创意短视频的探索。

主题演讲

融媒时代创意短视频的创新实践

有多少人有过这样一种体会，不知道从什么时候开始，办公室里来了一些不是从事新闻工作的人，当我们从他们身边走过，看到电脑屏幕上显示着我们不熟悉的软件，做着我们完全不懂的工作，而且这样奇怪的人好像越来越多。我相信很多人都会有这种体会，我正好就是这样一个奇怪的人，但我确信我今天没有走错片场，也许听完我的历程后大家会有所体察。

几年前我们在融媒体产品上的第一个探索是数据新闻，当时考虑到用户逐渐养成了手机阅读新闻的习惯，我们把新闻、数据和平面设计、HTML 5等技术融合到一起，于是有了“数据新闻”这个栏目，2015年该栏目获得了中国新闻奖一等奖。如今重点是我们的新产品，创意短视频。

“数据新闻”栏目对我们的启发是：融媒体虽然是始于传播渠道的融合，但是更重要的是它通过影响产品形态，进而影响内容，改变一切。在上个世纪的美国，从印刷术到电报到广播再到电视的发展过程中，同样出现过多次这个现象。近年来，移动网络和智能设备的高速发展，使得视频的传播渠道向手机过渡，视听体验需求提升，视频开始变短，信息密度开始变大，传播渠道影响内容这一现象再次上演。与此同时我们也开始了创意短视频的探索。

迈出创新第一步：形态融合

改变产品展示形态是最直接的创新手段，对于视频产品而言就是在镜头语言、动画风格、特效上的变通和融合，不同的手段除了给人不同的视觉体验以外，在内容表现力上也有不同的侧重点。

比如年终盘点，这种题材非常特殊，全年的重大事件内容涉及不同时间、不同地理位置、不同领域，如何合理地把内容放在一起展示，常规手段的操作已经难以达到要求。

2016年年底我们通过把动画、影视特效和实拍这些形态融合在一起，制作了《2016年度剧献》短片，解决了上面这个问题。

可以看到，简单布置的桌面能够容纳足够多的相互无关的题材，依靠的是新颖有趣的表现形式，即形态融合。创新除了创意思路要开放，还需要技术、人才和资源储备作为基础，每一个新创意的背后都可能毙掉了三四个创意，每一个新技术的背后可能都有三四个其他新技术从未有机会派上用场。但也正是这些技术，赋予产品以差异性。

技术、人才和资源的投入是形态创新的必要条件，仅仅靠讨巧的点子难以建立壁垒，创新能力无法持久。

迈出创新第二步：跳出内容局限

形态融合的根本目的是让内容升华，甚至是展示那些从来都无法展示的内容。国家相册就是一个例子，这是一部百集的系列微电影，如果放在几年前，后期特效的技术还无法满足项目的要求，但现在不同了。

国家相册的内容源自新华社中国照片档案馆。《红色气质》短片获得成功后，策划人员得知现在处理照片后期特效技术已经成熟并能小规模量产，我们拍板决定，让这批老照片鲜活起来，普普通通的照片素材有了新的用途。国家相册的前期策划不仅要跳出内容局限，还要从巨量的照片中梳理出一个个故事，只有非常资深的编辑和内容创作团队才能胜任。目前这部纪录片已经播放到第六十二集，平均每集播放量在2000万以上，其中特别节目《大道之行》播放量在5亿以上。

所以，对于内容的要求不是降低了，而是提高了。形态融合后需要解放思想，跳出传统内容的限制。编辑力量有时不足以支撑，则需要更专业的编剧、数据等领域的专才支持，内容与形态才能更好地匹配，相互辅助，发扬长处。

迈出创新第三步：流程优化和改造

了解影视和动画行业的人都知道，原创视频不仅制作成本高，制作周期也长，这与新闻产品的时效性相矛盾，常规的影视作品开发周期很难满足新闻产品的时效性需求，这就需要对流程进行优化。

以视频短片《换个姿势看报告》为例，这部短片使用了无人机航拍结合后期特效的方式，再配上总理原声对报告进行解读。

需要注意的是，《换个姿势看报告》的发布时间是2017年3月5日，也就是李克强总理做完政府工作报告的当天。类似这样的短片从策划到拍摄到剪辑到后期特效制作，最少要两周以上制作周期，但是这个短片必须要在报告公布当天发布，这就对项目的流程提出了极高的要求。

项目初期全体成员要对该项目进行可行性评估，包括拍摄的场景和时间及各地天气状况，后期特效能否在规定时间内完成，最重要的是我们需要尽可能准确预测政府工作报告的内容。在距离报告公布两周时，我们梳理出最重要的几大板块内容，新华网无人机事业部协调全国各地的无人机中队用一周时间进行加急拍摄，后期特效部门根据预测内容同步制作动画特效，并优化工程文件的架构，使核心文字相对独立以保证内容能在短时间内替换，同时备份多个特效镜头以备不时之需，在3月5日当天，第一时间梳理报告的核心内容，摘取总理原声，更改特效镜头中的文字动画，从报告结束到短片制作完成到走完复杂严格的审核流程再发布，不过10个小时。

短片发布后获得了3000万的点击量，在时效性方面至今为止市面上没有其他同类产品能够比肩。

中国共产党第十九次全国代表大会期间，我们再次推出类似的报告解读产品，创意H5交互页面《全息全景身临其境看报告》，让网友坐在大会堂里看报告。

把全景、全息特效和三维动画以及H5交互手段融合在一起，报告相对更容易被网友接受。这个产品涉及高精度大会堂模型、三维动画、全景视频的特效制作、配套的H5交互技术支持，以及刷新纪录的H5《点赞十九大》，刚刚破了30亿点击量的纪录，我们同样使用了定制化流程的方式，针对项目定制流程，内容团队和技术团队需要保证较高的专业性，才能协同完成任务。

从形态融合到内容创新再到流程再造三步走，就像逆向破解，由表向里逐步改造。

以上就是近两年我们在创意短视频上的一些探索和思考，除短视频以外，我们还有更多种类的融媒体创意产品，它们也经历了相似的开发历程。团队成立几年以来，获得了五个中国新闻奖一等奖。这些产品都是多形态与高品质内容融合的典型案例。

当然，产品开发还面临内容选题上报道深度和接地气需求的矛盾，原创视频制作成本过高，量产困难，开发周期仍然过长等问题，这些问题可能还会困扰我们很长一段时间。

为了支撑融媒体产品的创新，我们让编辑、设计、影视、数据、前端技术等多工种合作，我们承认不规则人才，并且鼓励不规则，让团队保持多样性，让思想不断碰撞和摩擦，我认为这样的环境才是孵化融媒体创意产品的温室。

（演讲者魏文彬，新华网融媒体产品创新中心创意视频负责人）

案例分析

新华社融媒体产品创新及背后的机制变革

2017年伊始，一则《国社百万重奖创新，这个红包发得有气质》竖屏视频H5链接在微信平台被大量转发。新华社首次以社党组名义对荣获“新华社创新奖”的三个2016年度重大创新项目进行表彰和重奖，每个项目奖励30万元；此外，还有19个项目获评2016年度新华社创新奖励一、二、三等奖。这是新华社首次在全社范围进行创新奖励评选，此举不仅大幅激励新华社干部职工锐意创新、开拓进取，助推2017年全社创新工作取得更大突破，而且在新闻界产生示范效应。

从0到1——新理念新技术让典藏成为“现象”

融合媒体时代，报道产品是新闻生产的最终呈现形式，产品竞争力是媒体最核心竞争力。检验创新成效，关键看有没有传得开、叫得响、留得住的优质新闻产品。2016年，在体制机制创新改革带动下，新华社涌现出一大批创新项目和成果，涉及采编、经营、技术、管理各领域，既有《红色气质》《国家相册》系列微纪录片、“新华丝路”海外项目跟踪平台等优质内容平台产品创新，也包括海媒平台“魅力中国”直播、中英双语脱口秀《有话直说｜五驳南海怪论》等国际传播创新，还涉及新媒体产品源头端策划生产实践、新媒体专线“一站式”服务等融合体制机制和主体业务产品创新。共同特点是将优质内容与新理念、新技术、新手段紧密结合，形成既彰显主流媒体品格力量，又符合新兴媒体规律特点的产品。系列创新产品大举提升新华社传播力影响力，广大受众通过这些丰富多样、生动活泼的产品，看到国家通讯社亲民和接地气的一面。

中国共产党成立95周年前夕，新华社推出一部9分5秒的微电影《红色气质》。影片发布后，“红色气质”一词被百度搜索自动生成新词条，迅速在微信、微博、客户端等社交媒体上刷屏，被各大网站热播，成为一个现象级传播的全媒体产品。影片先后获得多个国家级奖项，累计超过2亿人次观看，中央和地方一些部门专门将影片作为“两学一做”学习教育鲜活材料，多所大专院校、中小学校将此片作为爱国主义教育新教材、新课件。

中国照片档案馆是我国馆藏量最大的照片档案馆，收藏了1892年以来的珍贵照片1000多万张，记录着大量鲜为人知的历史瞬间，成为记录国家历史的珍贵典藏。《红色气质》成功的关键因素，是以新华社中国照片档案馆馆藏照片这一独家资源为主体构成，使用三维动态等现代技术对影像进行特效制作。它是新华社精心打造的第一部以微电影形态呈现的可视化全媒体产品，为重大主题宣传开辟新思路。

《红色气质》的本质是独家核心资源与新媒体表现手段和技术的有机对接。它让我们看到新媒体时代独家核心优质资源具有极大开发潜力、开发价值和更为多元化的开发方式，成为创新型融媒体产品常态化生产的重要依托。“国家相册”系列微纪录片应运而生。

微纪录片“国家相册”系列产品依托新华社丰富馆藏图片资源，由《红色气质》主讲人、新华社高级编辑、国内知名影像学者、图片策展人陈小波担任“国家相册”讲述人，带领观众走近这些老照片，将二维老照片实现三维化、视频化，真实再现历史场景，中间穿插三维特效，细述照片后面那些鲜为人知的人物与故事。自2016年9月2日以来，每周五推出一期时长5分钟左右的微纪录片，在互联网、电视台、移动端、户外屏幕等平台同步传播。这种产品首次通过“图片视频化”方式对珍贵老照片进行创造性加工，并且首次形成一套“图片视频化”常态化精品生产流程，成为新华社创新产品生产的有益经验。

从1到N——机制创新助推思想解放活力迸发

除上述现象级标杆产品外，2016年，新华社精心组织以“现场新闻”“新华全媒头条”为代表的融合报道品牌栏目，推出更多受众喜爱的产品，努力在平面媒体打造“镇版之作”，在网络空间形成“刷屏之势”。这背后依靠的是各业务部门和分社建立并完善的新媒体报道常态化策划机制，确保同步策划组织新媒体报道与传统报道。负责统筹全社创新产品研发管理的产品研究院、全社重点融媒体产品组织生产的全媒报道平台，以及被广泛运用的项目制运作方式，成为多部门和分社骨干力量合力攻坚、持续推出的叫得响、传得开、留得住的新媒体精品产品的重要机制保障。

左《国家相册》第二十四集："花灯照元宵"。1951年2月，河北省丰南县（现丰南区）蚕子坨村农民王喜昌的孙子在镇上购买灯笼（王纯德/摄）
右上《国家相册》第二十五集："情满全家福"。1938年夏，女作家冰心和丈夫吴文藻及孩子们在燕京大学南园住宅前合影（陈恕/提供）
右下《国家相册》第二十三集："年画又一春"。2012年12月28日，在天津杨柳青镇，年画艺人霍庆有从藏有400多块珍贵年画木板的架子上选出一块木板准备印制（张超群/摄）

（一）成立产品研究院、设立创新专项资金引领产品创新

2016年5月，新华社在中央主要新闻单位中，第一个成立产品研究院。新华社产品研究院挂靠总编室，下设技术研究、传媒咨询研究、媒体未来研究、新媒体研究、全媒研究、对外传播研究六个中心，定位于有效盘活各方创新资源、汇聚智慧力量，优化采编、技术、市场、资金等环节资源配置，通过孵化创新项目，设计紧跟前沿科技的创新产品，建立创新组织架构、运行机制和管理办法，集结创新人才队伍，推动融合创新发展迈出实质步伐，形成覆盖全社的多层次立体化产品创新体系。

与此同时，新华社每年拿出1000万元设立创新基金，加大对创新工作支持力度，以产品研究院为依托，有效整合、充分激活全社创新资源与要素，规划、论证、评审和立项全社创新项目。2016年首次启动新华社创新基金项目申报评审工作，邀请社内外专家对44个创新项目进行初评、复评，对“神笔大侠闯江湖”在线纠错游戏等6个项目予以立项。近一年的实践证明，创新基金有效发挥推动新闻信息报道在内容、产品、渠道和技术等方面创新和融合发展的作用，第一批立项项目正在结出丰硕成果：“神笔大侠闯江湖”在线纠错游戏项目推出第一款自主研发的文化类电子竞技游戏，正在将传播推广范围不断扩展至全社会相关群体；依托“天空之眼”无人机队项目，摄影部和国内分社记者迅速形成一支由30余名“机长”领衔，100余架无人机和近200名“飞手”组成的专业化无人机新闻报道队伍，率先在重大事件活动中启用无人机，在G20杭州峰会上使用无人机拍摄播发程序性稿件照片近30张，开创国内媒体重大事件无人机报道先河；制作《红军长征——飞夺泸定桥》VR互动体验产品，利用角色动画、场景特效处理等多项前沿技术，真实还原历史细节，身临其境的体验给人以巨大的心灵震撼，加深体验者对长征理解的深度与广度。

为确保创新项目有序实施，产品研究院成立后围绕全社创新保障机制、创新项目管理、考核激励等方面建章立制，推动创新工作高效有序机制化。相继探索制定《新华社创新项目管理实施细则》《新华社创新专项资金管理使用实施细则》和《新华社创新工作奖励办法（试行）》，组织年度创新奖励评选等，确保创新项目申报评审实施全流程有章可循，调动全社各单位和人员创新积极性，有力推动创新工作取得新成效。

（二）打造与创新产品相适应的新型采编流程和项目制

融媒体产品的多媒体表现形态决定了策划生产制作方式的融合化。在新媒体时代，报社电台搞视频、电视台拍照片做特效已经越来越成为传媒新常态。新华社作为综合性通讯社，拥有强大全面的文字、图片、视频等多媒体内容生产力，但多年来各种媒介资源分散于不同部门，一定程度上影响融媒体产品整合加工。为改变传统报道与新媒体报道各自为战的报道模式，新华社以跨部门、跨工种协同作业的全媒报道平台为试验田、示范园、孵化器，深化“中央厨房”采编架构，推进采编流程改造，完善全媒体一体化采编发流程，探索实现传统媒体和新兴媒体融为一体、合而为一。目前“一体化指挥、一次性采集、N 次加工、梯次生成、多元适配、多渠道发布、全终端传播、全媒体覆盖”的新型采编流程架构基本建立。从实施效果看，融合报道和新的采编发流程使传统报道和新媒体报道实现了同步加强，新媒体报道影响力快速提升，传统报道在报纸不断减版的情况下仍保持采用率总体不减、精品和创新类报道采用率明显提升。

《红色气质》等创新产品的背后是一个个具体的项目组，全社重点产品由总编室总体统筹，全媒报道平台牵头实施，将文字、图片、视频、网络新媒体等各部门优秀力量，甚至社外创意制作团队，一并纳入项目组，在相关资金支持下，设计并持续推出以短视频、无人机、大数据、VR、AR等为发力点的全媒产品，形成融合创意产品生产常态化机制，进一步增强新华社新媒体权威报道优势。

（三）强化奖励，营造创新氛围

与媒体融合转型历程相伴的是传媒人个人的技能转型和工作量激增。一时的热情难以支撑融媒体精品常态化生产，如何营造创新氛围？如何调动媒体工作者投入融媒体报道的工作积极性？如何让广大记者更主动地学习掌握融媒体技能，从而不断推出融媒体精品？产品研究院于2016年5月9日至10日，组织召开首次新华社创新研讨会，新华社领导对全社创新工作做出整体部署，总社各部门、单位和国内外分社相关同志共提交156篇研讨论文，会上踊跃发言、建言献策，改革创新的深厚氛围逐渐形成。

2016年岁末，产品研究院牵头组织首次全社范围创新奖励评选工作。根据社党组决定，对“现场新闻”全息直播态新媒体产品、《红色气质》微电影和“新华社特约记者太空日记”系列报道等三个重大创新项目予以表彰奖励。年度创新评选共收到95个申报项目，吸引全社3000余名职工在移动办公平台参与投票，经层层严格评审，最终共有22个创新项目获得奖励，在全社树立了“以创新者为本、以贡献者为本”的导向，有效激发了全社干部职工的创新动力活力。

在设置创新专项奖励的同时，建立通讯社线路和项目评估机制，从谋划到立项，从实施到运营，实行全流程评估，科学设定并动态监测用户发展、采用家次、阅读转发等评价指标，为线路建设和项目实施提供科学依据。通过逐步加大新媒体考核权重、设立各级各类好新闻评选新媒体专项、重点扶持项目向新媒体和融合报道倾斜等措施，引导和推动所有采编部门和全体采编人员强化全媒体报道理念，主动参与融合报道产品策划制作，一些传统业务部门的采编人员自学新媒体报道技能，不少同志还自费参加无人机、VR培训班，取得了相应的操作资质。

主流媒体系统性创新工作，亟需三个“强化”

媒体创新发展是一个系统性工程，既需要从战略层面解决顶层制度安排的共性问题，也需要媒体各自发挥优势，积极探索符合自身特色的创新之道。在产品创新工作实践中，我们发现有些问题值得思考，三项工作值得强化：

（一）强化顶层设计，解决融合产品发展同质化问题

目前，各主流媒体推动融合发展的主动性和积极性很高，但在具体实践中同质化问题突出，不同程度存在“大而全”“小而全”、重复雷同的现象。不是从自身职能定位、资源禀赋出发，走差异化竞争发展之路，报纸、电台、电视台均选择走综合性媒体的融合发展道路，致使融媒体产品集中于视频、图片可视化、动漫特效等方面。规划和建设融合发展项目时，没有体现自身特色和优势，“一哄而上”地建设综合性信息聚合和发布平台、存储“云”和发布“云”，效率不高，资源浪费。各媒体都应从媒体定位和工作全局出发，从顶层设计上统筹考虑，制定主流媒体融合发展总体规划，走特色创新道路，着力改变路径趋同、方法单一的现状；从创新和融合发展项目立项环节上进行分类设计，防止个别领域、部分项目重复建设、资源浪费。主管部门须引导和推动各主要新闻单位依据各自职能定位，发挥优势、突出特点、体现差异，真正打造特色鲜明、优势互补、错位竞争的主流媒体融合发展矩阵，形成多层次、多方位、多范畴的新闻传播新格局。

（二）强化新媒体创意思维和融媒体制作能力，提升核心资源开发价值

长期以来，媒体被简单以纸质媒体、广播、电视等媒介属性加以区分定位，专注于文字、图片和电视报道，而融媒体产品的实质是符合新媒体传播规律的创意策划，以及内容和多媒体技术表现形式的有机融合。这需要媒体工作者在充分接触、了解新媒体传播规律基础上转变思维方式，既

有效吸取新媒体传播中更生动、活泼、丰富、具创意性的话语方式，又去除低俗谄媚片面化的不良表述和文风，以此为创意基础，有效挖掘开发主流媒体核心资源。此外，融媒体产品更强调表现形式的多样融合，很多报社不缺能写、能拍的好记者，可是能抠像做特效的场地、设备，以及具备跨界叙事能力的复合型人才却成为越来越凸显的短板。

在这种情况下，新闻媒体应紧密跟踪国内外互联网科技在传媒行业的应用，密切关注5G传播、VR、AR、可穿戴设备等前沿技术发展动态，重点关注移动互联网场景应用新技术，通过培养融媒体产品制作力量，以及外包购买服务等方式探索开发应用模式。

（三）强化产品运营能力，扩大融媒体产品传播力影响力

以往主流媒体以二次售卖模式为主要营销方式，相对缺乏产品营销运营经验和专门人才。如今影响力比较大的新媒体传播平台微博、微信都非媒体自主运营，所以主流媒体需要认真研究不同平台的传播规律和产品需求特点，同时强化客户端等自有终端建设和运营，打造适应各平台特点的特色融媒体产品，将产品生产与推广运营有机对接，让优质产品通过科学有效运营产生强大传播力影响力，据此调整媒体组织构架，吸引相关优秀人才，真正形成完备的融媒体产品链条，实现媒体在融合发展过程中社会效益与经济效益的同步提升。

（作者周瑜，供职于新华社产品研究院）

“专家点评

主流媒体的融媒体创新

《红色气质》《太空日记》等创新性报道产品在引发社会各界广泛关注的同时，彰显了新华社在融媒体产品探索方面取得的卓越成果。近年来，新华社利用新理念、新技术与新手段，将自身核心资源的附加价值最大化。通过成立产品研究院、设立创新专项基金等举措，助推了新华社内部的创新行为。此外，与市场接轨的激励机制，在营造新华社内部良好创新氛围的同时，激发了创新主体的潜能，进而催生了一系列丰富多样、生动活泼的产品。顶层设计的强化与机制的创新性改革，解决了融合产品发展的同质化问题。可以说，新华社近年来在内容制作和产品运营方面的表现，既彰显了主流媒体的品格力量，又把握住了新兴媒体的传播规律，扩大了新华社在融媒体产品方面的传播影响力。

（作者曾繁旭，清华大学新闻与传播学院副教授）

03 浙江日报报业集团

推动媒体深度融合，必须以先进技术为牵引为支撑，以新的技术驱动提升采编能力，拓宽传播领域。近年来，从国内主流媒体的融合实践来看，多以“一次采集、多种生成、多元传播”作为技术平台建设的基本思路。浙报集团的融媒体智能传播服务平台（简称“媒立方”）以大数据技术为底层支撑，以智能化服务满足业务需求，形成大数据平台与传播服务平台（业务平台）两大部分，为大数据技术与新闻业务的深度融合打下坚实基础，成为“数据驱动新闻，智能重构媒体”的理念实践样本。

主题演讲

数据驱动新闻　智能重构媒体

在分享浙报集团的技术创新的实践案例之前，我想先简要回顾一下传媒产业中一些逻辑上的变化。2017年9月13日凌晨1点，苹果发布了最新iPhone X，代表苹果向iPhone问世十周年致敬。朋友圈里随即有人刷了一款海报生成H5《找一找10年前你用的手机》。2007年大家熟悉的手机品牌，有诺基亚、摩托罗拉、索爱、三星、黑莓等。大家知道2007年11月《福布斯》的封面文章是什么吗？《谁能超越诺基亚这个拥有10亿用户的手机老大》。是的，仅仅是十年前，大众传播还处于黄金时代，传统媒体可以说是站在高地上、拥有麦克风的机构。

而互联网发展的一个重要结果便是去中心化。体现在传播逻辑上，过去的“权威”把话语权让渡出来，每个人手上都有了一个麦克风，从千人一面到千人千面，每个人接收到的信息都是不同的。我们甚至可以不用“传播”这个词，而用“连接”来表达这种双向的信息沟通方式。

另一个重大的变化，是内容消费需求在同一空间中的一站式满足。过去，我们进行内容消费，其实是分割在一个个小环境里的。在电影院看电影，在家看电视，买报纸看新闻等等，需求是割裂的，受到物理条件限制的。互联网技术使得内容（图像、声音、文字，或者说一篇文章、一部电影、一部电视剧）本质上压缩成数字的“元数据”，比从前更容易进行存储、管理和重新编辑。这让内容在同一平台上消费成为可能，而事实就是这样，人们慢慢习惯在互联网上满足一切。

第三，随着传播逻辑和需求满足逻辑的变化，信息生产的组织形态也在发生变化。在原有产业体系下，媒体主导形成单向、线性的产业价值链。媒体机构处于价值链核心，对信息供应实施控制。而在社会化传播时代，数据产生是全方位、实时、海量的，媒体产业链上的协作必须像互联网要求的那样，网状、并发、实时的协同。

正是在这样的产业逻辑转换的背景下，浙报集团五年前制定了从以单一提供资讯为主的传统媒体集团向以提供综合文化服务的互联网枢纽型传媒集团转型的战略目标，提出了以技术创新作为驱动力、体制创新作为突破口、内容创新作为根本的战略布局，确立了打造“融媒体智能化传播服务平台”的战略决策。

“数据驱动新闻，智能重构媒体”，这是我们对于“媒立方”智能传播服务平台的高度概括和应用目标。“媒立方”平台是集舆情研判、统一采集、中央厨房、多元分发、传播效果评估于一体的新型智能化传播服务平台。利用大数据机器学习和自然语言处理技术，从用户现实及未来需求入手，整合浙报优势资源，以场景式技术创新实现多维度选题策划、全媒体指挥协同、碎片化内容创作、可视化流程监测、多渠道融合发稿、原创作品传播分析等全新功能。这个平台往小了说，是一个基于现代融合传播技术的基础设施，但是它又是一个牵引流程和制度变革的应变量，同时往产业链后端延伸，未来能为融媒体的变现服务。我们把这个平台，作为技术、内容、经营、运营深度融合的重要载体和抓手，进一步推进浙报集团的全面深度融合。

随着进入常态化运行，这一平台日益支撑起浙报集团在用户、内容、服务上的全新业务关系链转换。在这一过程中，我们正在努力探索、梳理一套适合自己的技术创新经验。

（一）坚持以技术为牵引，让技术成为业务架构的底层

目前，“媒立方”大数据平台承载了新闻、资讯、交互性内容在生产传播中涉及的底层数据支撑，包括但不局限于集团采编资源库、历史资源库、全网资源库（抓取网站、微博、微信、App、数字报、热搜数据）、全省民众互动数据以及各种异构数据资源。并在上述资源汇聚基础上依据信息阶段和信息性质两大需求方向进行了全面结构化处理，最终依托大数据技术与分析模型，构建起五类支撑内容生产的智能服务：热点追踪类服务、辅助创作类服务、事件分析类服务、传播力分析服务、推荐类服务。无论是新闻机器人的智能写作，还是实现用户的个性化定制，都是基于这

个数据平台。在未来的媒体组织当中，基于数据驱动的运营将是架构的核心和基础，它们横跨所有部门，推动各个部门间交叉协作。

（二）坚持改革是最大驱动力，不断寻求体制机制创新和突破

以“媒立方”上线运营为契机，我们大胆进行了组织架构的重新梳理和编采发流程的优化重组，推动形成“一次采集、多种产品、多媒体传播”的工作格局。2016年年底，我们将原浙江在线新闻中心、浙江新闻客户端编辑团队与浙江日报采编部门合并，形成 “大编辑中心+垂直采编部门”模式，打造一支具备全媒体采编播技能的合成军。我们已经连续三年将用户指标纳入年度绩效考核，在互联网时代用户就是阵地，必须首先有用户，才有接下来的服务和变现。我们还将以建设国家级出版融合发展重点实验室为契机，进一步加大在智能分发、用户画像、AR、VR、机器人播报等创新应用上的投入，每年集团营收的2%用于创新研发。

（三）坚持人才是创新的关键，是激发创新的内在活力

身处变革中，我们很清楚，技术不仅是一个工具，而且也是一种能量；互联网不是一个行业，而是一段基因、一种思考模式。我们组建产品研发中心、新媒体运营中心、信息安全与运维中心，推进技术领域资源优化整合。我们为了更重视和留住技术性、产品经理型人才，引入互联网公司M系列与P系列同步运行的人才晋升制度。目前，P系列管理范围从技术、产品、运营部门，逐步向地方分社、浙江日报三端等采编核心单位覆盖。

我们以打造互联网创新型文化为核心，建立内部孵化制度体系。出台新媒体创新孵化管理办法等系列制度，积极鼓励集团员工参与新媒体创新。从2014年开始，三年内（截至2017年）累计投入孵化资金3000余万元，已出孵和在孵项目44个，打造了浙江名医馆、杭州吃货、律企联、拍房宝等垂直领域的新媒体应用产品，集团300多名人员参与到这些孵化项目中来。为了“让听得见炮声的人指挥炮火”，我们2016年下半年又尝试推行“栏目制”采编运营，在新闻生产组织上由过去的自上而下为主转变为自下而上与自上而下相结合，鼓励业务骨干带头负责采编运营数字端各频道、栏目，探索从传统报纸单兵作战转变为团队合作的内容生产组织方式。

当今，从计算机、网络，到数字化生存，从大数据、随时随地在线，到万物互联、人工智能，互联网的不断演进，使其成为像水、电、气一样不可缺少的基础设施，对现实社会生活影响之深远，远远超过我们的想象。传媒产业本身丰富多样、变化频繁、高速运转。随着时间的推移，新媒体会变成老媒体，今天的边缘化产品会变成明天的主流应用。其中唯一不变的是：谁能抓住和满足用户的需求，谁就能立于不败之地。未来的媒体融合发展趋势，将是以技术为驱动，渗透到传媒业链条的各个环节，围绕机器学习、自然语言理解、音频视频算法、语音交互等新技术的发展，实现从内容生产到商业模式的创新。保持对用户需求变化的敏感，保持对创新的敬畏，只有如此，我们才能与这个伟大的新时代同行。

（演讲者蒋国兴，浙江日报报业集团副社长）

案例分析

“媒立方”技术平台建设的实践与思考

当前，互联网正在加速重构媒体格局和舆论生态，主流媒体面临的竞争愈发激烈，通过推进融合发展来占据制高点、增创新优势、提高竞争力，也变得更为紧迫。习近平总书记提出“融合发展关键在融为一体、合而为一”的明确要求，为推进媒体深度融合指明了正确方向、提供了根本遵循。

推动媒体深度融合，必须以先进技术为牵引为支撑，以新的技术驱动提升采编能力，拓宽传播领域。近年来，从国内主流媒体的融合实践来看，多以“一次采集、多种生成、多元传播”作为技术平台建设的基本思路。浙报集团的融媒体智能传播服务平台（简称“媒立方”）以大数据技术为底层支撑，以智能化服务满足业务需求，形成大数据平台与传播服务平台（业务平台）两大部分，为大数据技术与新闻业务的深度融合打下坚实基础，成为“数据驱动新闻，智能重构媒体”的理念实践样本。

建设“媒立方”传播服务平台，重构媒体融合基础

2014年，浙报集团在多年的新媒体发展中已经积累了较多的互联网资源和产品开发经验，综合几年来的经验和资源，制订了“媒立方——融媒体传播服务平台”的规划。随后展开了一年的市场调研，于2014年底完成正式立项，2015年4月开始项目建设。

联合项目组花了3个月的时间，在集团范围内进行了广泛的需求调研，出产了21份调研报告和200多个原型页面，共涵盖了9种媒体形态。

2015年10月到2016年3月初的第一阶段研发，项目组基本完成了策划中心（爆料监控、近期政策、近期预警、历史今天、我的监控、媒体热

点、网民热点、纸媒头版、网媒头版）、采编中心（包括纸媒、App、网站）、资源中心、传播力指数考核的基础功能研发；2016年5月，推出了移动采编，在G20杭州峰会、重走长征路、第三届世界互联网大会等报道中，为记者移动采写、编辑部主编移动编审提供了重要支撑；2016年6月完成稿费系统、可视化中心、机器人稿件、事件分析的开发及上线；2016年9月，初步完成全媒体指挥监测中心的建设，构架统一指挥调度的全媒体指挥监测体系；2016年12月，配合体制机制改革，上线报题选题模块，通过每日早会、午会、晚会三会统筹指挥配置报、网、端、微、视的采编力量；实现全媒体、全流程、全天候新闻采编发布以及动态跟进。

经过两年多的研发，“媒立方”已经上线的模块包括全媒体指挥监测中心、策划中心、采编中心、资源中心、可视化中心、运营中心和管理配置；从PC端到移动端到大屏的主体工程，已经全面铺开并取得了较大的成效，在用户中反响强烈，极大地契合了集团媒体深度融合的工作目标和工作路线。以《浙江日报》、浙江在线、浙江新闻客户端 “三端”为牵引、以“三圈环流”新媒体矩阵为主阵地，做到了稿件融合审核，责任到人，多端分发的稿件审批流程。

目前，系统还在研发音视频中心，利用云端大容量的存储空间，构建浙报集团自有的视频资源库，并将视频快捷编辑功能架设在云上，实现跨地域视频快捷剪辑，并大大降低了视频编辑的门槛，实现了普通编辑对视频编辑的需求。同时，利用云端专业的跨平台视频编解码技术、大规模视频内容分发网络和高质量转码计算服务，构建浙报集团自有的在线直播平台，实现稳定流畅、低延时、高并发的实时音视频直播，满足多终端播放需求。

以大数据与新闻业务双平台建设支撑媒体融合发展

“媒立方”大数据平台是基础也是“筋络”，从架构上将集团内容数据、流程数据与用户数据进行全面集中、关联和深度挖掘。其中在内容数据库中包括国内1003家数字报刊数据、异构化资源数据、互联网新闻数据、政府门户数据、微视频库、社交平台信息、新闻图片库与历史老照片等10余类数据源，构建一体化底层数据源，运用先进的大数据存储计算能力、敏捷多轮的数据加工体系实现数据任意节点与流程间的无缝流转。同时，在此基础上通过自然语言处理、机器学习等技术对数据进行分析与建模，构建起热点追踪类、辅助创作类、事件分析类、传播力分析类、个性化推荐类服务，促进采编人员更好地从数据中挖掘创作灵感。6.6 亿用户数据汇聚报纸读者用户、网站数字端注册用户、边锋游戏平台用户、移动手机报订阅用户、经营类用户以及外来投稿的通讯员用户数据，通过整合多端、多平台用户数据，对用户行为进行精准分析，为集团采编业务、运营与经营部门提供数据服务。

在传播服务平台（业务平台）建设中，依托传统媒体与新媒体的多渠道融合生产模式，充分运用大数据平台的相关服务，构建策划中心、采编中心、资源中心、可视化中心与运营中心，形成集舆情研判、统一采集、分类加工、集中分发、传播效果评估于一体的新型智能化内容生产平台。

“媒立方”的大数据平台与传播服务平台是两个“互为表里”的平台，平台的建设过程也是一个以互联网思维对媒体资源进行重新配置的过程，为传统媒体与新媒体之间的融合、为新闻资讯向多种经营模式的融合奠定基础。

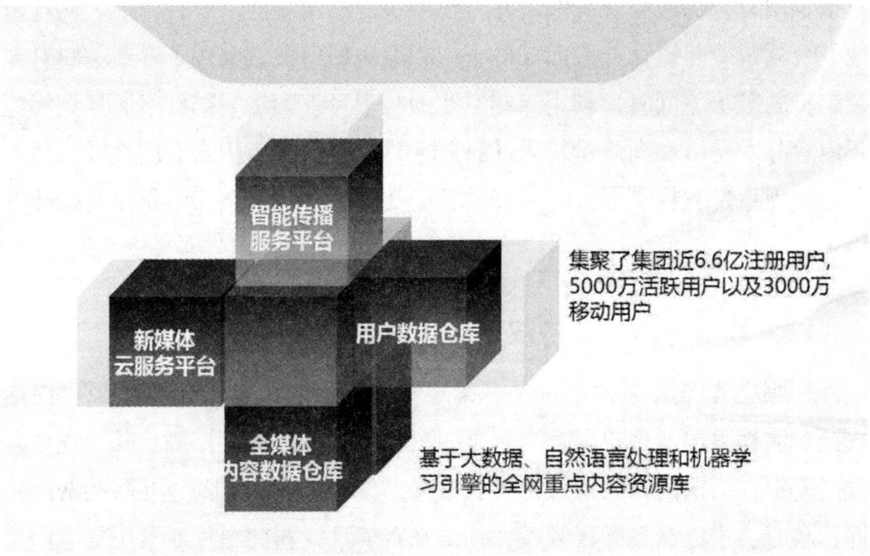

“媒立方”平台组成

以大数据技术为支撑紧密耦合新闻采编业务

如何让技术平台建设与新闻业务紧密结合是一个很大的课题。技术平台如何支撑指挥中枢、PC端和移动端等所有采编终端？如何驱动“策、采、编、发”转型至线上生产？如何应对在不断变革中的采编业务需求？

“媒立方”平台结合业务需求，利用大数据、自然语言处理和机器学习等技术整合报社优质资源，以场景式技术创新实现多维度选题策划、全媒体协同指挥、碎片化内容创作、可视化流程监测、多渠道融合发稿、原创作品传播分析等全新功能，从而将大数据与生产传播业务加以紧密耦合。

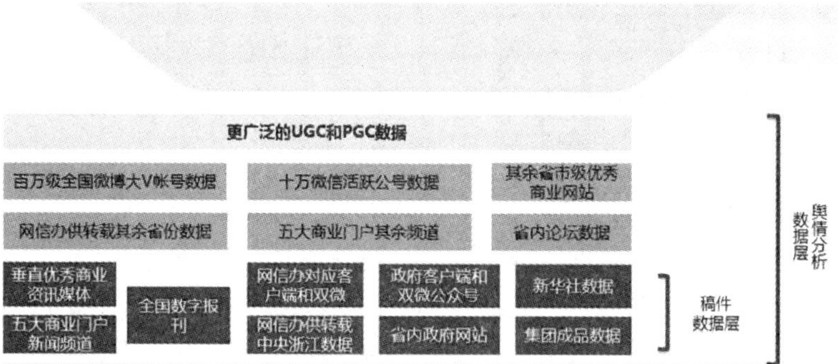

来源分类	面向内容生产	面向舆情/分析
网站	7,050个频道	近50,000个频道（含论坛）
APP	22个	58个
微信	约9,000	3,000,000+
微博	新浪微博50，000+V账号	新浪微博3000万账号数据推送
数字报	1003家	1500+家

“媒立方”大数据平台

（一）在策划环节

“媒立方”通过热点探索、线索追踪、事件挖掘、时间、地域与领域等数据模型，对事件、专题、话题等进行阶段性跟踪，量化传播热度、主题分布、民众反应等维度，促进采编人员快速准确掌握新闻动态，挖掘新闻信息潜在价值、推进内容创作。

（二）在采集环节

“媒立方”系统通过建立统一的内容资源库，打通各个渠道的数据资源，通过数据清理、二次打标建立内容可靠性分类、地域分类、舆论场分类等多个维度的内容标签体系，通过权限设置为各个不同垂直领域的编辑部提供新闻素材。

（三）在编审环节

“媒立方”系统通过计算模型自动延展相关主题稿件，通过关键词、人名、机构等信息实时形成稿件背景资料；结合痕迹版本、敏感词、黑马校对软件进一步保证内容质量。

（四）在发稿环节

“媒立方”系统在实现多端融合发稿外，依据采集的内容相关数据和用户数据形成用户阅读兴趣画像、时序传播画像和媒体影响力画像，为后续数据资源精准投放打好基础。

（五）在评估反馈环节

建立传播影响力分析系统，从新媒体产品端埋码数据收集，到以阅读、互动、转载三个维度以及权重比例作为模型计算，计算出单篇文章互

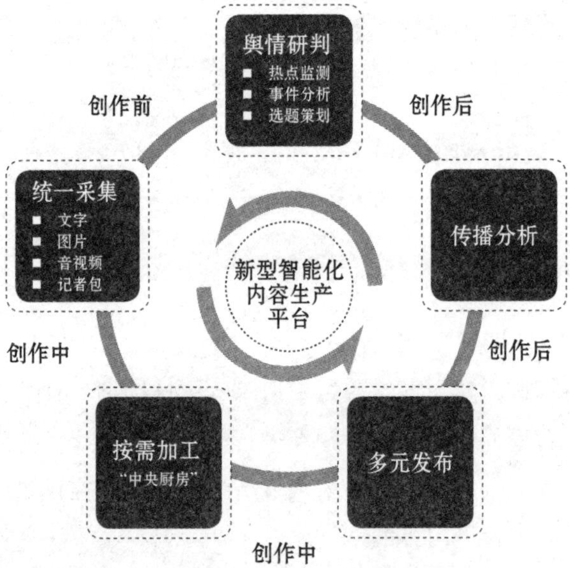

内容生产流程：从线性到环状

联网传播力指数，形成了以用户为核心的浙报传播力指数考核评价体系，为每一个新闻产品传播效果评估与绩效考核提供明确的数据指标。

“媒立方”平台的大数据技术应用充分融合于新闻采编业务的各个环节，实现新闻生产从线性到环状数据闭环，将“孤岛型”的多端内容生产系统融合为“一体化”的平台，真正实现技术牵引下组织结构的全面改革、工作机制的配套创新，充分利用大数据技术以及基于该技术的智能化服务推进媒体融合发展。

以创新型组织架构驱动技术平台与业务需求高度融合

一方面大数据技术的应用驱动新闻业务发生变革，另一方面新闻业务的需求也在不断驱动技术平台建设的可持续发展。为实现技术平台与业务平台的深度融合，浙报集团变革组织架构，推动新闻业务与技术平台建设相互促进、不断迭代创新。

首先，为高度耦合采编需求与技术平台建设，浙报集团成立网宣办数据分析室与舆情分析室，不仅为业务人员提供数据服务，同时连接技术部门与业务部门，负责搜集采编需求与业务人员对技术平台使用情况的用户反馈，及时与产品研发中心沟通，促使技术平台不断迭代创新。其次，为更好满足业务需求，“媒立方”产品研发中心下设研发管理部、产品规划部、项目与质量管理部、媒体采编部、移动采编部、视频采编部与运营产品部七大部门，分别负责业务部门的需求收集、业务改造；需求分析、产品规划；项目建设、质量把控；平台研发、大数据建设；移动端、视频端产品开发，媒体云服务开发等。

“媒立方”技术平台在报题系统中，添加了稿件分发渠道及稿件形态标签，各部门报题时可进行选择，方便在采编三会中讨论。此外，通过“媒立方”报题系统还可将选题与稿件进行关联，这样全媒体指挥中心的监测大屏就可以实时监测到选题相关稿件在各个渠道的分发情况。为满足指挥协同需求，“媒立方”报题系统、采编系统对PC端、移动端都进行了适配，记者编辑通过PC端或移动端都可以进行报题、采集、发稿与签审，稿件状态则实时反馈至大屏，由此实现大屏、PC端、移动端三端联通，实时跟踪选题情况。

浙报集团全媒体指挥检测中心

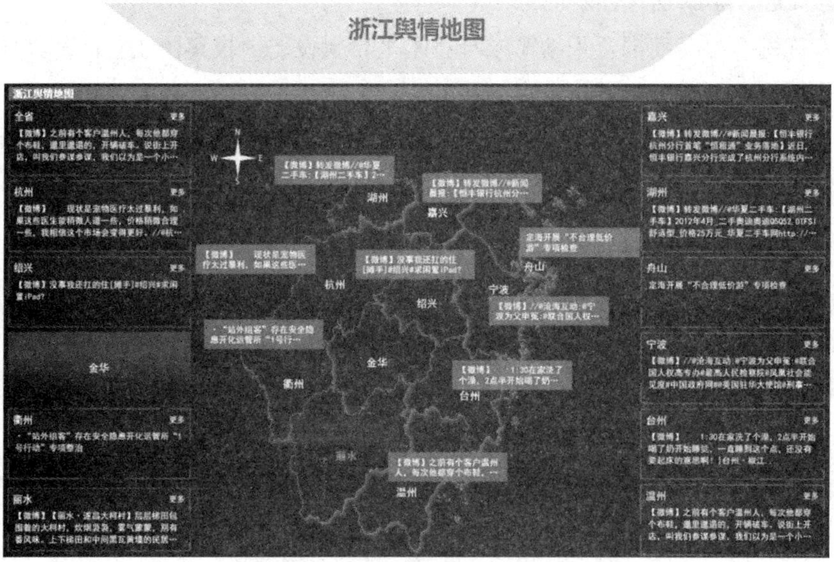

浙江11地市舆情内容动态呈现

浙报集团全媒体指挥监测中心在浙江日报传媒大厦最高的22层，这里的大编辑平台是浙报集团“中央厨房”物理空间的核心部分，是掌管整个浙江日报报业集团新闻生产的中枢和大脑，于2016年12月19日开始试运行。这里有一块特别壮观的显示屏，屏幕上即时抓取并滚动着上万网站频道的新闻资讯和舆情热点，重点是浙江11个地市的舆情内容的动态呈现，并实时反映出浙报集团新闻产品的动态传播效果排名。

该指挥平台实行24小时实时反应，接受各类爆料及热点推送，并通过大数据分析，提供及时的舆情分析及反馈，协助执行指挥进行无间断的采编资源统筹和协同。全媒体指挥中心通过每日早会、午会、晚会三会统筹指挥配置报、网、端、微采编资源，实现全媒体、全流程、全天候新闻采编发布以及动态跟进。

以体制机制和人才建设促进媒体融合的可持续性发展

推进媒体融合发展并非一蹴而就，任何转型发展进程中都面临着诸多挑战。从近年来国内媒体融合实践来看，一方面技术平台的建设、运行机制的调整，提高了新闻生产能力，但另一方面日益严重的内容同质化现象、协同生产的非常态化运行、突发事件的应急运行机制、转型过程中传统采编队伍对新媒体舆论场的不适应性等诸多不容忽视的细节影响着媒体融合发展的可持续性。

（一）坚持以技术为牵引，让技术成为业务架构的底层

目前，“媒立方”大数据平台承载了新闻、资讯、交互性内容在生产传播中涉及的底层数据支撑，包括但不局限于集团采编资源库、历史资源库、全网资源库（抓取网站、微博、微信、App、数字报、热搜数据）、全省民众互动数据以及各种异构数据资源。并在上述资源汇聚基础上依据信息阶段和信息性质两大需求方向进行了全面结构化处理，最终依托大数据技术与分析模型，构建起五类支撑内容生产的智能服务：热点追踪类服务、辅助创作类服务、事件分析类服务、传播力分析服务、推荐类服务。目前的传媒发展已经呈现出移动化、数据化、视频化、智能化等特点，无论是新闻机器人的智能写作，还是实现用户的个性化定制，都要基于这个数据平台。未来的媒体融合发展趋势，将是以技术为驱动，渗透到传媒业链条的各个环节，围绕机器学习、自然语言理解、音频视频算法、语音交互等新技术的发展，实现从内容生产到商业模式的创新。在未来的媒体组织当中，基于数据驱动的运营将是架构的核心和基础，它们横跨所有部

门，推动各个部门间交叉协作。

（二）坚持改革是最大驱动力，不断寻求体制机制创新和突破

融合发展最关键的，是要看传统主流媒体的主力军是否实现了战略转移，进入舆论引导的主战场。2016年10月，浙报集团全面启动了《浙江日报》、浙江在线和浙江新闻客户端三端媒体深度融合，全面实施组织重构、流程再造、全员融合。以“中央厨房”为核心，建立内容生产一体化组织体系。以“大编辑中心+垂直采编部门”模式，成立“一中心八个部”，负责报网端微视多端新闻产品的采集、编辑、分发；设立全媒体指挥监测中心，统筹调度采编资源，统一指挥配置报、网、端、微采编资源，实现全媒体、全流程、全天候新闻采编发布和传播效果监测。

为提高协同生产的制作能力，浙报集团在“媒立方”基础上，建立日常采编机制，其中包括每周编委扩大会议，研究重大选题；全媒体指挥统筹协调机制，建立统一的选题线索库，根据新闻价值与各媒体特点，由集团值班编委统一指挥协调采编力量；同时建立采编三会制度，通过早会、午会和晚会，统筹指挥配置报、网、端、微采编资源，实现全媒体、全流程、全天候新闻采编发布以及动态跟进。

其中早会报题除当天报纸内容外，尤其注重数字端选题策划，午会、晚会在动态跟进数字端选题的同时，协调当天报纸版面安排。三会期间，新成立的浙报集团网宣办数据分析室与舆情分析室则通过数据监测、热点发现与分析为采编部门的策划会议提供数据支撑与服务，形成一次采集、多端分时序差异化发布、全流程数据服务的采编制度。

面对重大报道与突发事件报道，浙报集团成立编委会专题研究机制，统一调集指挥集团各媒体采编力量，常态化运行中的“媒立方”全媒体指挥监测系统，实时跟踪热点及事件发展过程。

（三）在转型过程中锤炼和造就一支新型的采编和技术队伍

在媒体融合发展进程中，技术平台的建设与体制机制的调整，一方面通过生产工具的变革提升新闻生产力，通过体制机制的调整提高协同生产能力，但另一方面新技术工具的应用与运行机制的调整也为采编队伍的转型发展带来新的问题。技术变革所带来的新闻生产效率的提升、多端发布的便利性、用户阅读的场景化等因素，共同倒逼采编人员提升新闻生产能

力，向全媒体记者转型。为推动人在变革中的转型发展，浙报集团采取全员培训与优势互补策略。在业务人员转型过程中，一方面开展全员数字化转型的业务培训，为记者配备相关采集设备，另一方面发挥老编辑记者在深度报道领域的优势，将报社传统优势与新媒体能力培养并重，共同推进人的融合发展与数字化转型。在技术团队建设中，"媒立方"产品研发中心的技术人员既包括报社传统技术人员也包括具有互联网基因的技术人员以及创业团队，传统的技术人员对新闻业务具有较深的理解度，具备互联网基因的技术人员拥有更好的技术研发思路，创业团队更富有激情，三者之间各取所长，相互融合，共同推进集团技术平台建设。

从技术平台建设到体制机制变革再到实现人的融合，浙报集团从过去发行量42万份，到今天集聚近6.6亿注册用户，5000万活跃用户以及3000万移动用户。在2017年全国两会期间，省级党报两微官号传播力榜单显示，浙江日报位列全国省级党报第一名。作为全国第一家媒体经营性资产整体上市的省级报业集团，从推动媒体经营性资产整体上市，成立浙报传媒梦工场、收购边锋浩方网络平台，成功打造资本平台，到投资1.6亿元建设"媒立方"融媒体智能服务平台，再到机制体制变革。从资本积累到技术平台建设与采编业务高度耦合，再造运行机制体制，倒逼采编人员转型，浙报集团紧紧围绕党中央提出的融合发展决策为行动指南，以先进技术为支撑，内容建设为根本，推动传统媒体与新兴媒体多方面的融合，形成技术平台与业务平台螺旋式上升的可持续发展路径。

［作者李伟忠，国家新闻出版广电总局出版融合发展（浙报集团）重点实验室主任、浙报集团产品研发中心主任；作者徐园，国家新闻出版广电总局出版融合发展（浙报集团）重点实验室研究员、浙报集团新媒体运营中心主任助理］

专家点评

“媒立方”：主流媒体中央厨房建设的探索者和供应商

“媒立方”是浙江日报报业集团近年来重点打造的融媒体智能传播服务平台，集舆情研判、统一采集、中央厨房、多元分发、传播效果评估于一体，整合浙报优势资源，实现多维度选题策划、全媒体指挥协同、碎片化内容创作、可视化流程监测、多渠道融合发稿、原创作品传播分析等功能。“媒立方”的优势和特色主要体现在三个方面：

其一，强化数据驱动。从国内主流媒体的融合实践来看，多以“一次采集、多种生成、多元传播”作为中央厨房平台建设的基本思路，主要立足于不同媒体的业务整合、新闻生产的流程再造、融合内容的统筹分发和多终端渠道的统一管理。“媒立方”则并不仅仅满足于以智能化服务满足业务需求，还强化了以大数据技术为底层支撑，形成大数据平台与传播服务平台两大部分的对接。

其二，突出技术引领。“媒立方”平台的建设充分采纳和运用了用户分析和行为挖掘、舆情抓取和研判、机器学习、自然语言理解、音频视频算法、语音交互等多种媒介新技术，实现新闻生产从线性到环状数据闭环，将“孤岛型”的多端内容生产系统融合为“一体化”的平台，实现技术牵引和技术驱动下组织结构的变革。

其三，契合媒体特色。作为全国第一家媒体经营性资产整体上市的省级报业集团，浙报集团在改革中努力实现媒体价值与技术、资本、市场等多元要素之间的协同：从推动媒体经营性资产整体上市，成立浙报传媒梦工场，收购边锋浩方网络平台，到投资 1.6亿建设“媒立方”，实现内容转型和业务拓展的互为促进，浙报集团始终扮演着传统媒体与新兴媒体全面深度融合的探索者角色。

当前，互联网正在加速重构媒体格局和舆论生态，主流媒体面临的竞争愈发激烈。浙报集团通过“媒立方”推进融合发展，占据制高点、增强创新优势、提高竞争力，实为上策之举。

（作者董广安，郑州大学新闻与传播学院教授）

04

今日头条

今日头条并不是传统意义上的媒体，而是一家有媒体属性的科技公司，一个内容创作与分发的平台，其愿景是“成为最懂你的信息平台，连接人与信息，促进创作与交流”。

主题演讲

创新信息传播模式　助推媒体融合发展

成为2017中国应用新闻传播十大创新案例之一，是对今日头条“创新性”的认可和鼓励。以下重点分享今日头条的人工智能内容分发技术，我们先做个测试来具体说明。假如有三个题目，第一个是资讯的聚合和智能分发，第二个是人工智能辅助传统媒体转型，第三个是算法之问。如果把这三个题目作为报纸的标题，用户会对哪个更感兴趣呢？“把一篇文章，拟两个标题，甚至三个标题，先尝试性地推给一小部分兴趣用户，然后根据用户的反馈来决定将哪一个标题大力推广”。这是一个小测试，其实也是一个算法，是一种优化的内容分发策略。

新时代的传播特点有三个：一是向移动端转移，二是内容与生产、分发的脱离，三是去中心化。为了更好地满足用户需求，一方面，我们要丰富内容、搭建内容、组建内容；另一方面，在内容搭建好之后，我们要思考如何把内容个性化、精准地抵达用户。这就需要改变传播模式。传统的社交分发好处在于它的关注度高，粉丝价值大。但是，人的精力是有限的，随着用户关注的媒体越来越多，部分新闻的点开率就越来越低。这时，算法分发的优势就体现了出来。从今日头条2017年发布的数据来说，单头条号文章日均内容发布量超50万篇，日均内容消费量达48亿。

算法的推荐逻辑，主要基于三个维度：个人特征、环境特征和文章特征。就个人维度而言，今日头条给每位用户建立兴趣模型，每一个模型都是由机器操作，机器不停地探索、泛化，然后看用户的反映、反馈。泛化是一种信息推荐模式，根据兴趣变化优化推送内容。环境维度则主要是基于位置、天气等因素，然后再根据文章特征，进行匹配精准推送。

今日头条的文章在推荐之前，会进行消重和审核。今日头条人工审核团队也会对内容进行把关。2017年今日头条的审核人员已达4000多名。通常有大约三分之一不符合推荐标准的稿子会得到有效处理。今日头条的第一步尝试，将信息推给用户，通过用户的点击量，浏览阅读的情况，转发、收藏、点评情况等信息反馈决定下一步如何推送。比如与热干面相关的内容会先重点推给武汉的用户，通过反馈决定下一步推送的面积和范围。如果内容反馈不好，系统就会降低推荐力度。算法的关键就是如何进行匹配。今日头条会给文章、用户画像，用非常细的维度，决定稿子的下一步推送。就文章画像而言，比如一篇八百字的消息，可能会有上百个维度。今日头条对这些细化了的维度进行精准匹配，比如会根据地域的变化、天气的变化、网络的变化等，观察每个用户。如果用户是4G网络在线，系统会假设该用户在路途中，会减少推送视频；如果是互联网、股票类兴趣用户，上班日上午在办公室，就会推送科技、股市类新闻。

今日头条是公司的主要产品，其创新性还体现在能敏锐观察并根据传播形式的变化，不断推出新产品。比如随着小视频和直播站上风口，今日头条及时推出了三款产品——西瓜视频、火山小视频、抖音短视频，发展势头强劲。短视频有了明显的增长，用户浏览短视频的时长增长速度要远快于图文类内容。

今日头条运用旗下各类产品，图文、视频、直播、问答、微头条等，与媒体展开广泛合作，助力媒体融合发展，助推媒体内容有效提升传播力和影响力。视频已成为今日头条与媒体合作重点领域。比如为迎接党的十九大顺利召开，今日头条联合几十家主流媒体，打造十九大报道专题页面“喜迎十九大”，精准传播权威、及时、优质的十九大相关内容报道。在视频直播方面，今日头条同十多家媒体合作开展直播，开幕会同时在线观看人数超过800万，新常委亮相观看人数超过1100万。除了视频，今日头条在问答、微头条等方面也有诸多创新。在问答方面，今日头条也与媒体开展了广泛合作，今日头条的问答在两三个月内签约了30多个媒体。

未来，今日头条也将继续努力，不断探索创新，持续助力媒体融合发展，为媒体拓展自身影响力提供平台。

（演讲者张辅评，今日头条总编辑）

案例分析

如何用算法打击“标题党”

今日头条建立了检测“标题党”的规则模型，警示头条号作者的“标题党”行为。当头条号作者预发布文章的时候，如果标题中出现了“惊呆”“震惊”等内容，会收到一个飘黄的窗口，提示其内容涉及标题夸张，建议修改，如果作者继续强行发布的话将会被限制推荐量。

今日头条并不是传统意义上的媒体，而是一家有媒体属性的科技公司，一个内容创作与分发的平台，其愿景是“成为最懂你的信息平台，连接人与信息，促进创作与交流”。

调配分发资源，打击标题乱象

今日头条虽然提供资讯信息，但是其内部并没有编辑与记者，平台上90%的内容来源于头条号，截至2017年3月底，已有超过60万个人或组织开设头条号。这就决定了今日头条在打击“标题党”方面，要做的更多的是从生产层面和分发层面来进行控制。

具体来说，今日头条所做的事情就是在分发的过程中，减少给“标题党”分发资源，而提升那些优秀内容得到分发资源的概率。这是提高效率的一种做法，也促使今日头条能更好地打击“标题党”，贯彻主流价值观，服务好用户。

基于文本挖掘的机器“把关人”

很多“标题党”常用的内容元素其实都是可以在文本层面进行总结的，交由机器处理的效率会更高。“正则表达式”就是定义一系列与“标题党”相关的词汇来维护一些规则，进而使用这些规则来检测每一篇文章。今日头条实际有数百人的审核队伍，建立起了一套比较完善的规则，并利用机器算法对每天几十万篇的新进文章进行筛选。由此，得到这些文章评级的高低，并对文章的标题和内容进行判断。

今日头条建立了检测“标题党”的规则模型，警示头条号作者的“标题党”行为。当头条号作者预发布文章的时候，如果标题中出现了“惊呆”“震惊”等内容，会收到一个飘黄的窗口，提示其内容涉及标题夸张，建议修改，如果作者继续强行发布的话将会被限制推荐量。

Facebook在面对“标题党”和假新闻时，依赖于用户举报。今日头条建立“标题党”的模型数据与国际上通行的做法类似，让用户对文章进行评论以及点击“不喜欢”按钮来表达个体意见，通过一些按钮来收集用户行为，再对文章的标题和内容质量进行判断，从而把内容质量不高或是存在“标题党”行为的推送限制在很小的范围内。

另外，机器也会自动形成对“标题党”文本的识别，给不同的特征以不同权重的得分。在运行的过程中，今日头条会将标题里面单个的词进行拆分，并形成权重分数，同时也对词组进行拆分，由机器自动打分，分数一旦超过阈值就被认为是“标题党”，头条号作者会收到警示。

面对头条号作者忽略警示强行发布的行为，头条号建立了一套非常严苛的处罚规则。如果是非法来源，违反相关法规扣50分。另外，被举报抄袭、“标题党”、含有广告信息、标题与正文不符，甚至文章标题中含有错别字的文章，都被认为对用户造成了不利影响，作者将会收到相应的扣分处罚。

千万不能小看这些扣分，在头条号中，扣10分意味着发文和微信的RSS接入禁止一天；如果扣分被扣至0分，整个账号就无法恢复。由于头条号的账号与每个人的身份证绑定，个人账号的冻结意味着该作者失去了在今日头条平台上的话语权。如果被扣除50分，还将被取缔广告和自营广告的权限，头条号的商业价值将受到限制。同时，在头条号平台上打击力度非常之重，公告栏上会定期发布整治各类标题的公告，在伪科学、股评、两性、减肥这些“标题党”泛滥的重灾区，进行专项治理。

数据方面，今日头条平均每天有超过12,000篇文章被提示修改，日均仅有1027篇文章还继续强行提交，且强行提交之后会被进行很大程度的降权推荐，其中，476篇0阅读，762篇阅读量小于等于100。从2016年的7月至今，客户端每周反馈量为每百万DAU（日活跃用户数量）从0.9降至0.3，即平均每100万活跃用户里，反映内容存在“标题党”的情况的人从原来的0.9人降到了0.3人。

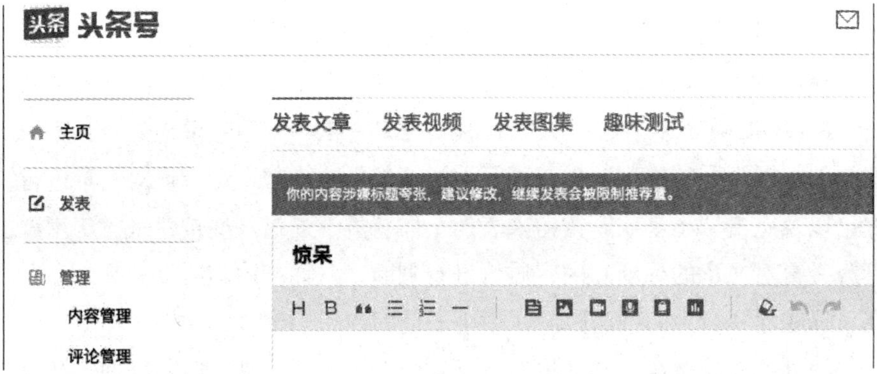

今日头条由机器自动识别标题党

以数据反哺内容创作者

头条号的标题非常难取，一方面需要突出新闻点，而另一方面，要考虑机器分发。机器和人工分发最大的不同在于：传统媒体的编辑具有文本经验，机器则不然。人与机器沟通过程中需要做很多工作，如利用什么关键词来描述某事件能让文章更好地被机器识别，从而到达更精准的兴趣人群，发挥内容的最大价值，这是除了取好标题之外更迫切的需求，所以，标题留给创作者的空间很小，难度很大。

为了更好地实现用户价值，提升用户体验，今日头条推出了新的服务于创作者的产品——媒体实验室。它将数据结果直接呈现给内容创作者，提供适合在平台上表达、分发，并能够取得优良传播效果的词汇，将这些词汇制成了可视化的分析图表，给作者提供一些写作角度的参考。目前，媒体实验室已经服务于400多家媒体机构，包括7000多位内容创作者用户。比如，在美国大选期间对热度进行监控，通过定制关键词，能够对专题进行相关的用户画像分析。

除此之外，内容创作者还能对热词进行关联分析，通过分析用户的互动行为来挖掘创作的角度。作为一个创作者的服务平台，媒体实验室还会把今日头条发布的数据报告第一时间进行发布，并为创作者提供原版下载。

目前，媒体实验室已与一些媒体建立起了内容合作关系。今日头条将媒体内容通过算法模型分发给不同兴趣爱好的用户，与此同时，媒体实验室将用户阅读互动产生的数据收集并反馈给媒体，形成一种反哺的关系，就像打车软件之于交通部门，外卖软件之于食药部门，媒体实验室也可以把内容分发的好坏、优劣、内容关键词的关系等，反哺给媒体机构甚至优秀的自媒体作者，让他们最高效地进行创作，在不同创作环境和垂直领域内发挥自己创造力的最大价值。

（作者刘志毅，今日头条算数中心总监）

专家点评

将资讯聚合变成新的信息生产方式

尽管人们对算法、智能推送、用户画像等技术问题有各种各样的理解和判断，但我们应该认识到今日头条技术在精细化、智能化、人性化方面所付出的努力，而这最终服务于一个更大的信息业务乃至行业命题——信息传播模式创新。在媒介融合的行业谱系中，资讯聚合原本是一种朴素的信息组织方式，但今日头条却将其转化为一种信息生产方式。因而，聚合的背后酝酿着更大的生产逻辑和盈利模式，同时也为传统媒体苦苦思索的融合之路提供了一种可能的选择和空间。从这个意义上讲，理解今天的媒介融合，今日头条的意义不言而喻。当个人特征、环境特征和文章特征都被整合到一种场景化的算法逻辑中，今日头条的智能分发系统无疑将新媒体环境下的用户思维诠释得淋漓尽致。其实，算法不仅仅是一个纯粹的技术问题，其背后驻扎着深刻的人文主题，因而体现的是媒体机构的价值观，也即我们以什么样的方式跟世界对话，我们试图回应人类沟通中的什么问题，而这些恰恰是今天铺天盖地的资讯推送所需要思考的更大命题。

（作者刘涛，暨南大学新闻与传播学院教授）

05 澎湃新闻

澎湃新闻把2017年定位为平台决战之年。澎湃现在已经有了全平台的影响力，原创内容在几个主要的互联网分发平台上都是位居前列的，比如在今日头条，澎湃新闻的传播力和影响力最大，澎湃视频的播放量、直播的参与人数都是最高的。

主题演讲

让优质内容更适应互联网传播规律

在以移动互联网为标志的新媒体时代，信息的生产、传播变得前所未有的快捷，每个人都是自媒体，用户原创内容成为最快的先发报道，这使得传统媒体受到了前所未有的挑战。但我们认为，无论未来新闻报道以怎样的形式和载体呈现，传统主流媒体的价值和责任都不会消减：一是因为我们有着长期积累的优秀采编业务能力；二是我们在持续、大规模提供高质量报道内容上具有新媒体和自媒体无法比拟的优势。

澎湃新闻把2017年定位为平台决战之年。澎湃现在已经有了全平台的影响力，原创内容在几个主要的互联网分发平台上都位居前列，比如在今日头条，澎湃新闻的传播力和影响力最大，澎湃视频的播放量、直播的参与人数都是最高的。但我们希望澎湃新闻本身也成为一个大平台。然而，如何更好地在移动互联网上构建内容类平台成为媒体人亟待解决的问题。

优质内容的特征

我们先来看澎湃新闻2016年10月发布的一件新闻作品——《致敬｜好人耀仔：一位宁德村支书的45岁人生》，它讲述了生前任福建宁德古田县卓洋乡庄里村党支部书记的周炳耀，于2016年9月抗击台风“莫兰蒂”时，在带领干部和村民救灾的过程中被卷入河道，不幸以身殉职的故事。这件作品呈现出了以下几个特点：

在形式上，《好人耀仔》采用了融合表现形式，以手绘插画形式复刻周炳耀生前最后的抢险故事，视频和音频着力于呈现周炳耀身边人的回忆与讲述。交互网页有效地将各元素融为一体，并辅以下雨等动画效果，给予用户沉浸式的体验。

在内容上，《好人耀仔》着力讲好人性故事，在有限的篇幅和时间内还原一个真实的周炳耀。这样一种人性化的叙事思路，既能把握人物精神本质，又能赢得共鸣，真实还原了一位村支书平凡又伟大的一面，传播打动人心又充满努力积极向前的正能量。

在传播覆盖面上，《好人耀仔》通过动漫、H5、视频、文字的完美结合，报道内容连续且成规模系列。《好人耀仔》H5上线一个月点击量超过千万。既圆满完成了中宣部布置的“打头炮”任务，又体现了澎湃新闻内容和技术的标杆效应，成为正面宣传形式和成果的新突破。

《好人耀仔》这件作品是利用互联网传播手段，打破先进典型报道的传统刻板和说教印象的一项大胆创举。澎湃新闻不拘一格，敢于创新，敢于探索，引入更适合互联网传播的新形式，令作品贴近读者，也取得了非常好的效果。实际上，这件作品揭示了互联网时代信息传播的一个本质特点：在过去，传统媒体的表现形式和载体都是单一的，报纸无法提供影音内容，而广播、电视节目也无法付诸文字供人们长期检索和深入研究。互联网的出现使得媒体第一次能够将文字、音频和视频的内容同时整合到一篇报道中，并且网络还为此提供了近乎无限的储存空间和几乎可以忽略不计的低廉成本。

在诸多传统媒体向新媒体转型的道路上，澎湃新闻是一个“异类”。澎湃新闻客户端于2014年7月正式上线，上线三年多（截至2017年）以来，澎湃新闻成为国内备受瞩目的新媒体产品，走出了一条传统媒体向互联网转型的“澎湃之路”。

从《东方早报》到澎湃新闻，从传统媒体向新媒体，澎湃之路，不仅是一次顺应潮流、承担使命、有准备的主动作为，也是一场“开弓没有回头箭”的全面、彻底的转型。

创造原创新闻客户端

澎湃新闻是中国传统媒体和新兴媒体融合发展的一次试水，也是第一个直接切入移动客户端的新闻转型产品。在实践中，澎湃新闻最终确立了以时政和思想为主的定位，把报道重心放在了时政报道和思想文化类报道上。互联网传播的一个规律就是需要“与众不同”。

继承与坚持纸媒时代延续下来的“内容为王”的原则，是澎湃保持快速发展势头的重要原因之一。2017年1月11日，澎湃新闻正式上线视频频道，涵盖13个视频栏目，至此，澎湃新闻已经拥有共计6个频道72个栏目的新闻内容。目前，澎湃新闻每天平均发稿超过300篇，其中原创稿约占60%，原创稿量在国内各大新闻网站中占绝对优势，稿件被转载的比例几乎达到100%。正是因为这份坚守，澎湃新闻成为互联网原创新闻最重要的内容供应商之一。

澎湃新闻由《东方早报》转型而来，《东方早报》为澎湃新闻留下了一支有气质、有经验、有思想的团队，他们成为持续生产优质新闻的保证。这是其他互联网商业媒体所不具备的，也是澎湃保持持续竞争力的后盾。澎湃的与众不同来自两方面：一是精准的产品定位；二是专业的新闻生产。

澎湃新闻创造了互联网产品的一个新门类，即原创新闻客户端。腾讯、网易等新闻客户端是门户类产品，今日头条等新闻客户端是聚合类产品，每天从传统媒体和自媒体上抓取海量的新闻。而澎湃依托于强大的新闻采编团队，品牌定位为“专注时政与思想”，为用户提供高质量的原创新闻，填补了互联网市场的空白。如果说门户类平台的特点是“综合、细分、多元”，聚合类平台的特点是“丰富、有趣、新奇”，那么以澎湃新闻为代表的原创类平台的特点就是“理性、专业、深度”。

与各商业类门户新闻网站不同的是，澎湃新闻是拥有一类新闻资质的新闻网站，拥有国家赋予的采编和原创新闻的合法权利。澎湃新闻拥有国内媒体团队中记者、编辑数量较为庞大的一个团队，共有400多名记者，编辑每周生产800—1200篇原创新闻（另有约稿、编译稿和专栏、转载等内容），原创新闻、约稿、编译稿和专栏4部分合计占整个澎湃新闻网站的近80%，这80%的内容是在其他新闻平台上所看不到的，属于澎湃新闻的独家专业内容。我们让这几百位专业的采编人员去追逐、挖掘新闻；在信息纷杂的时代，洗出真相，辨出真理，为用户提供真正有价值的信息与见解。通俗但不庸俗，懂批评也懂建设，听民意但不迎合，谈问题也谈主义，造就了澎湃新闻作为一家原创新闻客户端对待时政新闻的专业精神和态度。

精准化覆盖

在新闻内容对于受众的精准化覆盖方面，澎湃新闻也进行了有益的探索和尝试。比如，澎湃新闻的用户可以针对每一条新闻，提出自己的疑问，并获得其他用户的解答，在问答中让新闻得到最大限度的解读与诠释；在热门追问页面，用户可以阅读到全网站当天最精彩的新闻问答，这样做的目的就是希望以最活跃的用户参与，共同探究事件本质，寻觅新闻外延伸开来的事实真相。另外，“一键跟踪，全面了解新闻事件的来源与进程，实时获知事件发展、拓展见知和思维维度”则是用技术手段来了解用户对新闻内容的具体需求。假如用户在读完一篇报道后，如果觉得对此话题感兴趣，可以通过新闻跟踪按钮轻松跟踪该新闻。当该新闻有新进展时，客户端会将最新动态推送给用户。这样，我们的团队与用户之间也就越来越相互“熟知”，经过持续的努力，对用户精准化覆盖的程度也就越来越高。

既然澎湃新闻选择拥抱互联网，就必然要尊重互联网的传播规律，要解决自身与互联网、与市场的距离问题，让互联网更互联网。

澎湃是一个互联网产品，在抓好优质内容的基础上，澎湃新闻不能再持有“酒香不怕巷子深”的老观念，而是要运用互联网工具“勤吆喝”。在各个渠道的推广过程中，分析研判符合自身定位的人群，做精准化覆盖。

澎湃新闻从上线开始，就注重社交媒体推广，建立了“澎湃新闻”同名微博和微信公众号，在社交媒体上将具有传播度的内容分发到各类渠道，使得“澎湃新闻”的品牌大量曝光。澎湃新闻通过精准定位和精细编辑，微信公众号粉丝在一年之内就从零增长到100万，成为中国阅读数领先的微信公众号，每日为澎湃新闻带来数以千计的直接下载。目前新浪微博“澎湃新闻”的粉丝量已经破500万，在中央网信办《网络传播》每月发布的省级网站传播力排行榜中，澎湃新闻的微博影响力长期稳居前列。

澎湃新闻的渠道推广主要包括品牌推广和渠道运营这两个层面，一方面提升整体形象，拉升新用户，另一方面通过提升受众认可度，来稳固现在的用户群体。通过手机厂商预装、百度联盟，通过与综艺节目合作，通过版权合作借助百度、UC浏览器、360浏览器、QQ浏览器、Wi-Fi万能钥匙等途径实现倒流，不仅为澎湃新闻带来点击量的提升，同时也在过程中产生了运营效益。

与传统媒体时代不同，媒体与受众之间不再是单向的信息传递，而是更多依赖双向的互动来实现用户的黏性。澎湃新闻与只做内容的媒体客户端产品还有一个比较大的区别：2015年5月，澎湃新闻上线了一个全新的互动式的问答社区。同年8月，“问吧”更是被升级为独立的频道，成为与时事、财经、思想和生活四个新闻频道并列的第五个频道。这也标志着澎湃新闻开始推进在互动社区领域的探索。（截至2017年10月）问吧共推出话题近2000个，问吧的题主包括新闻知情人、新闻当事人、相关领域专家学者等，更吸引了很多达人UGC用户来申请自建话题。目前，问吧频道承担了澎湃新闻超80%的互动量，每周话题总点击量超200万。

澎湃新闻把2017年定位为平台决战之年。为此，澎湃新闻定下了一系列的目标，其中最主要的两个指标是：一、移动端下载量要过亿（目前为8600万），日活跃度要达到千万级；二、主营业务收入实现2亿元。另外我们还着手建设专业的内容分发平台，这个分发平台不是全领域的，更多是与国家各部委机关和各地方政府部门联手聚焦政务新闻的发布和问答。目前，这个取名为“问政”的频道已经上线。我们期待，经过2017年的深化发展，澎湃新闻将进一步建成聚焦时政与思想的新媒体新闻平台。

（演讲者李嵘，澎湃新闻常务副总编辑）

案例分析

坚持内容为王　坚决整体转型

在产品布局上，澎湃新闻直接切入移动客户端，建立自有渠道，并全面布局PC端和社交渠道；在内容生产上，要求全员强化互联网思维，在议题设置和内容展现上顺应互联网传播特性，创新表达方式和报道形式，提升传播的广度和深度；在采编流程重构上，迅速建立起符合互联网传播规律的24小时采编发机制。

澎湃新闻于2014年7月上线，是主打移动客户端、覆盖全平台的新媒体，内容定位于“时政与思想”，坚持严肃严谨的报道风格。上线以来，迅速成为“现象级”新媒体，传播力和影响力稳居国内新媒体第一阵营。

作为国内媒体融合转型发展的探索者，澎湃新闻始终牢记使命，不忘初心。几年来，澎湃新闻一方面坚持做好新闻做好内容，在主旋律报道领域主动作为，积极探索新型互联网主流媒体的主旋律报道新路径；另一方面，始终强化互联网思维，在内容、技术和运营方面不断创新。

在战略上，坚持内容为王，同时平衡好“变”与“不变”的关系

基于对传播技术和传播格局的判断，澎湃新闻在战略层面一开始就确定了要走整体转型之路，而且是坚决的彻底转型之路，没有在报纸和新媒体之间犹疑徘徊。

因此，在产品布局上，澎湃新闻直接切入移动客户端，建立自有渠道，并全面布局PC端和社交渠道；在内容生产上，要求全员强化互联网思维，在议题设置和内容展现上顺应互联网传播特性，创新表达方式和报道形式，提升传播的广度和深度；在采编流程重构上，迅速建立起符合互

联网传播规律的24小时采编发机制。

具体落实到人员转型安排上，不是从《东方早报》划出一小部分人成立单独的新媒体中心，而是将报社的全体采编人员成建制向澎湃转型；在转型过渡期，通过脱产学习和多样化、多层次的培训，全员快速切换到互联网传播模式，每一个部门或每一个人都可以根据自身的特长和兴趣创建微信公众号，摸索发展方向，最终经受住市场检验的微信公众号，直接成为澎湃新闻的子栏目。

基于党媒党网的政治定位，也是基于对互联网时代优质内容的分析研判，澎湃新闻认为，新闻媒体在互联网上最核心的竞争力仍然是可量产的优质内容。好的内容、真正的新闻永远是刚需，做好内容是新闻媒体壮大实力最有效也最根本的途径。

另外，随着国家对互联网新闻内容管理的法制化、规范化，随着国内新闻内容版权保护法规和政策体系的日益完善，内容的价值正在放大，传媒业正在形成新的生态格局，原创媒体的生产能力、传播能力、变现能力都在稳步回升。因此，转战新媒体以来，澎湃新闻主要的人力和财力依然花在采编上，并用扁平化的栏目小组形式提升内容生产的效率和专业性。通过前期的市场调研和微信公众号的内容试点，澎湃新闻发现，时政思想类的新闻品牌在互联网舆论场上极度稀缺，于是强势介入这一垂直细分领域，并且设立了数十个栏目组，其中有聚焦中央领导人报道的“中南海”栏目，有专注反腐报道的“打虎记”栏目，有关注公共政策的“中国政库”栏目，有专门报道法治新闻的“一号专案”栏目，有提供思想文化交流平台的“思想市场”“文化课”“有戏”等栏目。实践证明，各栏目组既能快速反应、各自为战，做到术业有专攻；遇到重大新闻又能通过中心协调团队组合作战，集中力量做大稿。

经过两年多的磨合发展，澎湃新闻实现了对《东方早报》在文脉、功能、传播力、影响力上的全面覆盖和超越。2017年1月1日起，《东方早报》停止出版纸质版，实现了彻底转型。

回望《东方早报》到澎湃新闻的融合转型和发展创新之路，澎湃新闻较好地平衡了“变”与“不变”之间的关系。“变”的是坚持彻底转型，在内容生产、语言表达、产品运营和公司运营上，坚持探索并遵循互联网规律，不断创新，努力开拓新型主流媒体的现代互联网发展之路；“不变”的是全面承袭传统媒体的导向管理要求，坚守严谨的专业立场。

澎湃新闻努力打造全媒体的内容供应平台

坚持内容创新，充分发挥机构媒体的专业优势，做全媒体的内容供应平台

转战互联网主阵地以来，澎湃新闻始终不忘初心，牢记使命，始终将社会效益放在第一位，自觉承担起党媒党网的政治责任和社会责任，全面继承严肃和严谨的传统媒体作风，要求全体采编人员踏踏实实采访、认认真真写稿。

与此同时，澎湃新闻特别强调内容创新，特别强调全媒体生产，要求适应传播格局和受众需求的变化，将自己打造成全媒体的内容供应平台。

在内容生产上，澎湃新闻确立了小组扁平化、栏目专业化、生产全媒化、内容产品化、作风传统化等原则，确保优质内容供应。在内容审核管理上，确立了严谨的内容规范、严格的三审责任制、严密的技术控制、24小时应急管理等制度规范，确保内容安全传播。

澎湃新闻特别重视全媒体的内容生产方式，强调表达创新、创意出新、策划制胜。除了文字，新闻的呈现还可以是H5、视频、直播、动画，乃至VR，也可以是专业的可视化数据新闻。澎湃新闻要求每一个记者、编辑都要具备全媒体的生产能力，每一个内容产品都要考虑全媒体的呈现方式。目前，澎湃新闻内部已经分别组建了各领域的专业技术和策划团队，他们与新闻采编部门密切配合，不断推出新的融合产品。比如澎湃新闻结合绘画、摄影、音频、视频、文字而开发的多媒体连环画H5产品，已经非常成熟。

此外，澎湃新闻还积极探索开放的内容合作生产模式。在确保采编权限完全自主可控的前提下，澎湃新闻将越来越多地尝试联合政府、高校、科研院所以及企业等各类机构，积极探索新的内容生产模式。比如，澎湃新闻与复旦大学新闻学院合作建立数据新闻实验室，实现产学研的结合。我们希望利用澎湃新闻的内容和资源生成大数据、解读大数据，让大数据新闻化、可视化。

在重大主题报道方面，澎湃新闻一直在创新。比如，2016年10月，根据中宣部的部署，澎湃新闻制作了新媒体产品《致敬丨好人耀仔：一位宁德村支书的45岁人生》，报道了福建宁德村支书周炳耀的先进事迹，报道融合图片、音视频、H5和绘画的多元化表现方式，取得了叫好又叫座的反响。作为主旋律报道，不仅阅读数超过2000万，而且获得了SND（全球新闻设计协会）的优秀奖。再如，反映精准扶贫的主题报道，澎湃新闻推出的《脱贫口述》和《盘县脱贫》两组报道分别采用“口述历史”和“章回体故事”这两种全新的报道形式，叠加图片、音频视频、H5和绘画的多元化表现方式，最后推出多媒体实景画卷，展现两地老百姓脱贫致富心路历程，取得了非常好的传播效果。

坚持产品创新，让内容和技术创造性地结合起来，做全媒体的产品创新平台

作为媒体融合转型的探索者，澎湃新闻一直强调要用彻底的互联网思维来做新媒体产品。因此，上线之后，澎湃新闻不断推进版本更新，在UI设计、字体选择、功能添加等方面大胆创新、突破，寻找既与众不同又使用舒适的用户体验，并运用技术手段节约成本，增加内容产量。比如，在页面设计上，澎湃新闻率先使用大图模式，适合大屏智能手机阅读，形成独立的新闻排列和规整的配图。

在产品创新上，澎湃新闻一直没有停止。2015年上线了新型问答社区

“问吧”，使读者可以直面新闻当事人、各领域的名人和达人，增强了澎湃新闻的互动性与用户黏度。2017年7月，澎湃新闻又推出了问政频道，充分运用专业媒体、原创媒体的优势，把政府的发布、官方的辟谣、公众的意见建议，根据新闻规律和互联网传播规律来重新整合组织，让权威的声音更广为传播，让谣言迅速停止传播，并在此过程中搭建政府和公众良性沟通的桥梁。澎湃新闻还将充分利用互联网的优势，降低地方政府新闻发布会的门槛，扩大新闻发布会的传播力。

在产品形态上，澎湃新闻一直跟随最新的技术和用户需求而不断创新进化。2017年1月，澎湃视频频道上线，目前已设立14个栏目，并推出多场重磅直播和不少精品视频，迅速成为互联网上新闻短视频的优质供应商。

坚持实用主义，迅速破解技术和运营短板，做全媒体的服务运营平台

对所有传统媒体来说，技术和互联网运营能力都是绕不过去的短板。因此，对转型中的体制内机构媒体而言，谁能迅速破解技术和运营上的短板，谁就能迅速提升相对的竞争力。

在技术层面，澎湃新闻清醒地认识到，自身基本上没有前沿的研发能力，要做的是紧紧跟随最新的媒体趋势和技术。澎湃新闻对技术的运用大部分都是务实主义的，决不会刻意去附会那些光鲜但却虚无的概念。

对于技术趋势，就当下而言，澎湃新闻最注重的是大数据和人工智能。大数据这块，澎湃新闻选择与市场领先的大数据机构和教学研究机构合作，解读大数据，让大数据新闻化、可视化。对于人工智能，澎湃新闻没有选择完全的机器算法，而是强调只能搜索和智能关联。

澎湃新闻通过技术手段来解放人力。澎湃新闻的瀑布流模式需要每一条新闻都配置一张卡片图，而卡片图的规格和详情页又不一致，以前的解决办法就是不停地增加图片编辑，现在要通过技术来节约图片编辑。还有视频剪辑这块，澎湃新闻会通过共同开发和定制云剪系统，让菜鸟编辑也能剪视频，大幅降低视频剪辑的技术和操作门槛，从而让视频产品迅速化、批量化。

而运营短板实际上就是互联网思维上的短板，这个短板是无形的，也很容易被传统媒体所忽视。澎湃新闻要求全体采编人员从互联网的技术特点和传播规律出发，去考虑内容、推广和经营。2017年以来，澎湃新闻从国内一线的商业网站和技术公司引入了一批产品、渠道、运营、销售等领域的专业人才，在产品渠道分发、搜索引擎优化等多个领域加大投入。

在运营创新上，2017年5月，澎湃新闻、华尔街见闻、36氪联合发起中国品牌新媒体联盟，通过对内容价值的探索，致力于用户体验，将真正好的内容和品牌广告呈现在用户面前，并通过"内容+服务"的模式，优化和延伸出更多的商业增值服务。

2016年年底，上海6家国有独资或全资企业对澎湃新闻战略入股6.1亿元，这为澎湃新闻迅速破解技术和运营短板提供了有利条件。同时，澎湃新闻也积极抓住国资战略入股的契机，进一步探索创新，建立规范的现代互联网新兴主流媒体的治理模式和管理规范。

百尺竿头更进一步，澎湃新闻将今年定义为平台决战之年，这个平台是基于内容的全媒体生产平台、创新平台，也是全媒体的传播平台、服务平台、运营平台，目标是实现客户端的有效下载用户过亿，运营收入比去年翻一番，初步建成平台级的互联网新兴主流媒体。澎湃新闻会始终强调社会效益第一，不断创新新媒体报道方式，壮大互联网舆论阵地的主流声音。澎湃新闻同样坚信，一个有内容影响力的市场化媒体平台，一定可以实现商业上的成功，一定可以实现自我的良性循环发展。

（作者刘永钢，澎湃新闻总编辑）

“专家点评

内容永远是媒体的核心竞争力

对媒体来说，进入互联网时代，内容是否依然为王？曾经有过很多讨论。不少观点认为进入新媒体时代，内容不再重要，资本为王、渠道为王、营销为王……澎湃新闻的成功，再次响亮地告诉我们，对于媒体来说，“内容为王”永不过时，优质的内容依然是媒体的核心竞争力所在。

为什么说“内容为王”不会过时？因为人们接触媒体，就是为了获取各种信息。内容则是信息的具体呈现。就像购买产品，无论是实用型消费还是炫耀型消费，总之这个产品必须得满足消费者的某种需求才有市场。新闻作为一种特殊的“产品”，核心价值就是信息。在信息（内容）之外，表现形式、阅读体验、交流互动等，好比产品的包装、售后等附加价值。道理虽然简单，但互联网浪潮下，坚定秉承此观念的媒体不多。澎湃新闻令人敬佩之处在于：一是依然将高品质的内容生产作为安身立命的根本；二是适应互联网精准传播的特点，对内容细分，重点聚焦时政与思想领域；三是既有坚持又不断创新，比如推出问吧、思想市场、有戏等新栏目，比如采用融合新闻报道的方式传播典型人物；四是在优质内容基础上，再辅以传播形式、视觉化体验、界面设计、运营模式的全面创新，成就了澎湃新闻的现象级媒体。

（作者陶建杰，中山大学传播与设计学院教授）

06 梨视频

梨视频，资讯类短视频平台，2016年11月3日上线，几天内就在行业里引起了震动，澎湃新闻前CEO、梨视频现CEO邱兵的文章又一次刷爆朋友圈。关切社会底层的“郑州流浪老人”、揭露城市背面的“常熟童工”调查、柔性写实的“超女10年再回首”特写、暖心的“边打点滴边上班的村干部”……和澎湃新闻上线时的刷屏节奏相比，初生的梨视频在舆论场的露出密度不减当年。上线首月，梨视频旗下栏目的全网播放量超132亿，日均全网播放量在5亿次左右，这只梨正在追赶短视频的风口。

主题演讲

从拍客网络看资讯短视频生产的变与不变

第一个变是显性的，就是资讯传播形式的变化。它从简单的文图阅读，到大屏视频再到移动短视频，这是一个迁移链条。这个链条不是简单替代的，是长期共生而且是方向明确的，这三个载体是同时存在的。我认为最近几年无论是大屏媒体还是平面媒体，遇到的窘境尴尬都是这个链条长期迁移和积累的结果。

这个链条的背后是用户浏览方式的更新换代。在座的同学都是90后，其实60后、70后还是比较留恋新闻纸的，80后是摇摆的一代，但他们不少人也告别了平面媒体。在座的90后阅读平面媒体的机会太少了，很多时候也不具备这种机会，这是显性的。

还有一种是隐性的，就是生产方式的变化。有三种生产方式，原来是议程设置式的组织化生产。在报社，整个流程一成不变，从场景、流程到时间再到生产者都是程序化的。在这种限定的场景下，生产出来的内容都是有限的，很难有其他大的变化。

在自媒体和移动互联网爆发以后，第二种生产方式走上前台。这就是非议程设置式的非组织化生产。它的特征就是任何人随时随地都可以在网上发布符合法律的内容，生产者极大地丰富，内容也极大地丰富。但信息过载的现象出现：信息越来越多，有价值的信息却越来越少。

第三种生产方式，非议程设置式的组织化生产，它的优势就凸显了出来。特征仍然是拥有着海量的随时随地进行生产的生产者，但是这些生产者是经过培训、有一定专业门槛的，能够按一定专业标准，筛选用户需要的内容。我认为这种生产方式是当前最符合用户需求的生产方式。梨视频的全球拍客网络就属于这种生产方式。

刚才讲的媒体演化都是集中在“到达”和“生产”两端，传播形式的变化就是“到达”这一端，生产方式的变化属于“生产”这一端。我认为媒体转型中的所有失败都是因为这两端不匹配造成的。很多失败的案例都是太侧重“到达”这一端而忽略了“生产”这一端。我们很多媒体一提转型，都是先做微信号、客户端，把所有精力都放在了“到达”这一端，但内容生产方式却没有创新，生产流程也没有根本变化，所以“生产”与“到达”这一端是不匹配的。在座的都是成功的创新媒体，包括《新京报》、澎湃新闻，都是从“生产”这一端进行彻底转型的。

谈到生产方式，我认为调查报道的时代已经过去了，接下来事实报道和资讯视频会兴盛起来。事实报道是由党媒以及其他权威媒体发布，不是做调查。在调查报道兴起的时候，评消息奖很难。好消息很少，好的通讯、好的调查报道一大堆。但是以后，调查报道可能会越来越少，好的消息可能会多起来，由权威媒体来进行事实报道的发布。对市场化媒体来说，我认为资讯类视频则是一个很好的机会。

报道形态变化，资讯的评价标准也将发生巨大变化。这种变化目前主要集中在资讯短视频领域，但是之后会影响到所有资讯作品。传统的三维是：深度、广度、力度。这是传统资讯作品的三个维度。我认为新的三维会覆盖旧的三维，新的三维是人性、现场感、用户获取资讯的效率。

当生产方式和内容都发生改变以后，对行业领域最大的影响，是媒体格局划分规则的变化。在都市类媒体兴起的时候，是以内容为规则的划分格局。当时北有《新京报》，南有《南方周末》《南方都市报》，东有《东方早报》，另外还有《华西都市报》《成都商报》这些媒体，都是默认哪个媒体能生产好的内容，该媒体平台就会有大的影响力。而现在是以平台为规则划分，大家更多讨论的是媒体在头条、腾讯、微博这些平台的分发数据，这是以平台规则来划分媒体格局。但是从2016年开始以内容为规则的标准在逐渐回归，能变现的优质内容在哪里，平台就在哪里。我认为它的转折点就是资讯短视频的兴起，因为现在所有的平台都以资讯短视频为流量入口的标配。在短视频兴起之后，优质短视频内容成了各大流量平台所争抢的一个重要部分，微博的重新崛起，短视频便是其中的重要因素。

内容生产者可以重新定价以及公平定价。过去很长一段时间，内容生产方无法与平台进行公平的博弈，内容都是以极低的价格卖给平台。但是现在，当优质的短视频内容被重视后，就有了更加合理的定价，也会有更多的商业变现可能。

接下来讲“不变”。梨视频拍客网络创新了生产方式，形成了自身的竞争优势。但同时它也传承了传统媒体最有价值的东西，让它有了立身之本。

如果说几年之前很多用户只喜欢拍摄自己、展示自己，而梨视频则在培养用户拍身边、生活、能打动自己打动别人的故事的习惯。梨视频拥有目前全球最大的拍客网络，我们有拍客蓄水池，是整个拍客网络的底座和基础。有300万名公众拍客，大多分布在与用户终端紧密联系的各个领域行业，我们也和饿了么、菜鸟网络、中铁四局等相关机构达成战略合作。我们有2万名核心拍客，遍布全球525个城市。

管理这个拍客网络的是一个自主研发的高效管理系统，我们有7个管理指标：认证管理、求证管理、属地管理、专业管理、标签管理、分级管理、数据管理。

梨视频是第一家将传统媒体三审制引入移动短视频生产全流程的市场化平台，并且建立专门的核实团队，全面介入拍客内容生产过程。从生产编辑到审核发布，除了自动化系统之外，由专业媒体人组成的团队也形成了门槛，使梨视频能够在资讯短视频领域中保持领先地位。

所以，我认为无论有什么变化，媒体人创新的底线都应该是符合传媒伦理，继承专业操守。传统媒体还是会回归的，但不是载体和生产方式的回归，而是专业度与价值观的回归。

（演讲者李鑫，梨视频总编辑）

案例分析

如何抓住短视频的风口

2016年11月，媒体圈被一只黄色的梨子刷屏了。

梨视频，资讯类短视频平台，2016年11月3日上线，几天内就在行业里引起了震动，澎湃新闻前CEO、梨视频现CEO邱兵的文章又一次刷爆朋友圈。关切社会底层的“郑州流浪老人”、揭露城市背面的“常熟童工”调查、柔性写实的“超女10年再回首”特写、暖心的“边打点滴边上班的村干部”……和澎湃新闻上线时的刷屏节奏相比，初生的梨视频在舆论场的露出密度不减当年。

上线首月，梨视频旗下栏目的全网播放量超132亿，日均全网播放量在5亿次左右，这只梨正在追赶短视频的风口。

如何创新表达

梨视频上线以来爆款频出：在微博微信上，梨视频原创的“常熟童工”调查、“郑州流浪老人”系列短视频被人民日报等超级大号转发，单条微博最高转发达到8万。“梨视频”微博官号2016年11月初零粉丝冷启动，到12月中旬，也有两个视频转发过万。

为何能在短时间内零基础制造爆款？梨视频的经验是：深耕熟悉的领域，在形式上创新。

梨视频的编导多数具备新闻背景，有纸媒过来的，也有电视台出身的编导，对事实的理解和把控能力比较强。相较于传统操作方法，梨视频摒弃了冗长的解说、配音、不必要的出镜、拒绝刻意营造悬念的缓慢叙事等。

梨视频的核心受众是移动端，每条片子必须在3分钟以内把事情说清楚，要求在视频编辑上迅速切入主题，呈现事件核心。跟美国的短视频生产商NowThis类似，梨视频着重打造移动场景下的资讯短视频，基本组成就是背景音乐+大字幕+同期声。字幕大，可以让用户在手机上看得清楚，选择背景音乐而不是口播，这是考虑到嘈杂移动环境下，听不到视频声音也不影响理解视频的核心内容。

如何收集素材

目前，梨视频的内容主要来源于四部分：自有团队的拍摄（比如人物回访类栏目“冷面”）、机器+人工的智能聚合（比如“微辣”）、外部版权的引进、拍客。未来，全球拍客网络的建设会是梨视频的运营重点，它会带来资讯视频生产方式的变革。

为了收集素材，梨视频在上线前，网罗了3100多名拍客，遍布全球520个城市。这些拍客有的是老师，有的是在校学生，还有摄影爱好者、公务员，每天，编辑中心都会收到上百条来自拍客的线索，社会、文化、体育、国际等等，题材类型很多，编辑部会根据类型分配给对应的栏目。对于拍客操作的选题，除突发类事件外，编辑部都会安排专业的运营和编导在后方远程指导拍客，提示视频素材需要哪些画面，拍客需要核实哪些内容等。视频素材收集好后，编辑在后方剪辑负责成片。因此，从选题开始梨视频就在以专业思维介入拍客拍摄及后期成片，这确保了成片的客观性。

梨视频“常熟童工”系列、“洛阳火车站”报道，都是拍客提供的线索，编辑部判断后认为比较符合“风声”栏目“新鲜社会写实”的定位，就安排了风声的编导与拍客沟通，然后一步步指导拍客，最终成片，并引发轰动的。

如何引爆营销

梨视频上线之前，子栏目账号已经在各个社交平台先期登陆，例如以人物纪录片为主的“冷面”、关注全球新闻的“时差”、趣味性视频栏目“微辣”“一手”……各种子栏目在App上线前，在微博、微信已经聚焦了接近80万的粉丝。在梨视频上线的时候这些栏目统一换标。这些视频的转发数非常高，所以人们在各处看见这些视频，都能很清晰地感知到这是梨视频的内容。

在具体的操作上，梨视频根据不同社交平台的特性设计了不同的传播策略。比如在微博，梨视频重点运营的是民生类的公众性话题，运营团队会通过交换媒体资源推广这些内容；而在B站，梨视频军事和趣味类内容很受欢迎，因此配备了专门的军事类直播团队；而在微信，梨视频高浏览量的视频则都跟国际政治有关，所以川普胜选演讲等相关内容会第一时间投放到微信上。

好的内容加上有针对性的营销，爆款频出也就不再意外了。

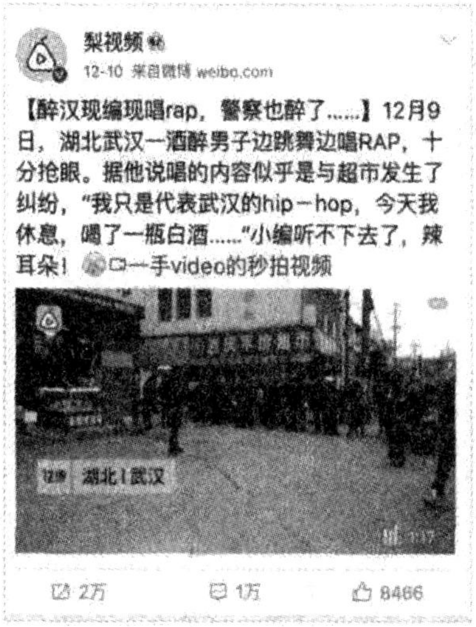

梨视频的热门微博

人民日报微博转发梨视频的视频

未来将会如何

随着移动网络的提速，移动资费的下降，互联网短视频的受众仍在增加中。相较于海量的用户，优质的短视频内容依然稀缺。目前，资本和人才都在向短视频领域聚集，经过大浪淘沙，最优质的短视频产品会成为最后的胜出者。

截至2016年12月2日，梨视频所有栏目的全网总播放量在132亿次左右。其中，“郑州流浪老人”系列的首部短片，3天内的全网点击量超过了1亿次，是梨视频流量最高的短片。此外，“常熟童工”报道的全网播放也超过了5000万，其他几个片子，比如“痛拐”“火车站真钞换假钞”

的点击量也都接近5000万。

和大量UGC模式的短视频平台不同，梨视频最大的优势就是可以在较短时间内产生专业的视频类资讯内容，在质量和速度之间取得平衡。在生产优质内容的前提下，梨视频邀请数百家短视频供应商入驻平台，打造一个全新的短视频平台，希望构建一个健康的短视频生态链，在内容、广告、用户方面取得平衡。

谁会是最后的胜出者？我们拭目以待。

（作者孙翔，梨视频运营总监）

专家点评

社会化网络与专业化生产的结合

梨视频有两个显著特点：第一，呈现方式是视频，特别是短视频，这种呈现方式和文字、图片以及长视频（以电影、电视剧为代表）形成了鲜明区别；第二，它提供的是视频形式的资讯，资讯是一个含义广泛的词，包括新闻、信息等等，不管怎么定义，资讯和游戏、时尚、美食等等有明显的差异。

梨视频的这两个特点显示了其决策层的洞见和敏锐。第一个特点显示的是梨视频的内容形态，它适应了播放平台移动化的大趋势，在移动终端收看视频节目，其最佳形式一定是“短视频”；第二个特点显示的是梨视频的内容定位，它抓紧资讯不放，因为资讯相对于游戏、美食等内容而言，更具有稀缺性。

与上面两个特点相连，梨视频形成了“非议程设置式的组织化生产”的模式，它和传统报社、电视台的“议程设置式的组织化生产”以及新兴自媒体“非议程设置式的非组织化生产”形成了显著差异（梨视频总编辑李鑫的叫法）。梨视频拥有海量生产者，但这些生产者不是普通网友，而是经过培训，有一定专业门槛，能够按一定专业标准进行内容生产的生产者。

如此一来，梨视频就做到了社会化网络与专业化生产的结合，换句话说就是，新兴媒体与传统媒体优势的结合。这一步虽然并不好走，但其方向是明确的，值得很多媒体特别是传统媒体吸收借鉴。

（作者窦锋昌，复旦大学新闻学院研究员、高级记者）

07 上海发布

“上海发布”是上海市政府新闻办公室机构媒体的品牌，在发展中形成了“一张网、多平台、广覆盖”的格局。“一张网”实际上是指以互联网为基础；“多平台”是“上海发布”已经实现了国内主流新媒体平台的入驻，像在新浪微博、微信、今日头条、网易号、一点资讯、百度百家号，以及二次元用户比较集中的哔哩哔哩。人民日报客户端、新华社客户端等主流的新媒体平台上，也能找到“上海发布”的身影，这对上海市民来讲，意味着无论他平时活跃在哪些平台，都可以与上海市政府的 “网上发言人”“面对面”进行沟通交流。

主题演讲

省级政府“网上发言人”的角色塑造与探索

张志安院长称“上海发布”是上海市政府新闻办公室的机构媒体（Institutional Media），某种程度上，在过去近6年（截至2017年）的运营实践中，我们把“上海发布”打造成了上海市政府的一个“网上发言人”。

首先，简单介绍一下“上海发布”。“上海发布”是上海市政府新闻办公室机构媒体的品牌，在发展中形成了“一张网、多平台、广覆盖”的格局。“一张网”实际上是指以互联网为基础；“多平台”是“上海发布”已经实现了国内主流新媒体平台的入驻，像在新浪微博、微信、今日头条、网易号、一点资讯、百度百家号，以及二次元用户比较集中的哔哩哔哩。人民日报客户端、新华社客户端等主流的新媒体平台上，也能找到“上海发布”的身影，这对上海市民来讲，意味着无论他平时活跃在哪些平台，都可以与上海市政府的“网上发言人”“面对面”进行沟通交流。

“上海发布”的新浪微博粉丝600多万，绝对数不算多，但影响力却在全国省区市政务微博中位于前列。“上海发布”微信公众号粉丝近350万，平均每天的阅读量大概在130万，平均每天有3—4条的“10万+”，在全国的政务微信中，“上海发布”也是名列前茅。

从“上海发布”的发展路径来看，一个独特的架构设计为其赋权赋能。“上海发布”成立于2011年，那时政务微博刚刚兴起，在上海市政府主要领导的关心与推动下，上海市政府办公厅成立了一个新的正处级部门，叫“上海发布”办公室，并且抽调了公务员和媒体人员，专门从事政府机构媒体的运营。现在看来，这一举措是非常有决心和魄力的，也是科学合理的。作为市政府办公厅的一个处室，“上海发布”能比较方便地获取权威政务信息，同时，它的业务由市政府新闻办指导，能以符合新媒体传播规律的方式进行信息发布和传播，传递好政府的声音。

从“上海发布”的团队来看，目前（截至2017年10月）13个人，主要由两部分构成，一部分是来自市政府办公厅和市政府新闻办的公务员，还有一部分是来自上海主流媒体的记者编辑。这样一个多元化的队伍结构，能确保整个团队能力的多元和互补，既能采集到高质量的政务信息，同时又能以网民喜闻乐见的形式进行传播，从而实现政务信息传播效果的最优化。

第二，以创新的理念发布政务信息。我们内部有一个理念：我们是政务信息的发布者，但决不做政策文件的“搬运工”。在具体的操作中，我们会尽量避免发文字长微博，或者简单地附上网址链接，而是采用大量图解新闻，让市民接收到的政策信息是清晰易懂的。另外我们始终坚持这个原则：自己看不明白、不能理解的内容，绝对不能对外发布。

还有就是在把关人这一环节，我们除了团队对内容把关以外，还会请政府相关职能部门审核把关，确保政务信息的权威性、准确性。为了更好地发布和传播政务信息，我们主要进行了这样一些探索：2015年上海两会，我们做了一个3分钟动画速读政府报告的新媒体版本，用3分钟短视频的形式把政府报告中跟市民生活密切相关的干货呈现给大家，两会开幕当天，这条微信的阅读量就突破了12万。政府工作报告年年做，第二年又是新挑战。2016年我们把政府工作报告做成了一个“手机桌面版”，当“上海发布”的用户收到这条信息时，突然发现自己手机上安装的App全部被覆盖，变成了一个政府工作报告的桌面，用户可以选择自己感兴趣的板块内容进行阅读。这样一个助力政府报告传播的新媒体产品，点击量超过30万。

2017年5月举行上海市第十一次党代会，我们把党代会报告以“来自上海市委的快递，请您签收”的形式呈现出来，具有极强的代入感，市民在手机上就能“翻阅报告”，进一步拉近了党代会和普通市民之间的距离。同时我们还与腾讯公司合作，把党代会报告中跟民生相关的内容做成了AR产品，用户拿手机QQ使用“AR扫一扫”功能，就会发现党代会报告中一些民生的内容变得立体、生动起来。在增强用户阅读趣味性的同时，实现了政务信息的广泛有效传播。

第三，从民生的视角助力政策落地。比如对市政府推出的老年综合津贴制度的解读，“上海发布”就运用了大量的图解，让用户在最短的时间里就能够迅速get到（明白）这项民生政策的要点，从而更好地理解政策、消化政策，让政策效应最大化。着力于民生政策这一块，一方面是为市民做好政策解读，另一方面是为制定政策提供参考。比如现在大家骑得比较多的共享单车，在上海一度出现过无序发展的情况，交通管理部门就出台了一个规范发展共享自行车的指导意见。这样一个关系到广大市民切身利益的公共政策，其制定是否科学、是否符合公众的期待？主管部门非常重视运用新媒体听取公众的意见和建议。“上海发布”在多个平台进行了广泛的意见征集，阅读量达到了50万，最后收到高质量的反馈意见近2000条，一些合理化的建议也在后来的政策修改完善中得到了充分体现。

第四，始终坚持公开透明回应社会关切。作为政府的机构媒体，作为“网上发言人”，面对突发事件时不能缺位、不能失语。2017年9月1日，在上海发生了一起交警带领辅警整治交通违章时粗暴执法的事件。上午事件发生，到下午2点多，舆情关注到达顶峰。上海市公安局松江分局的官方微博“警民直通车-松江”，第一时间作出了回应，“上海发布”在2点25分转发这则回应。市公安局高度关注，迅速介入调查，当天下午又紧急发布了松江公安分局民警粗暴执法事件调查情况，“上海发布”也第一时间通过微信推送，阅读量达到24万。

2017年9月2日，市公安局在进行了充分调查的基础上对涉事民警和女子作出了比较明确的处罚决定，“上海发布”推送的这条微信达到了78万的阅读量，关注度非常高，很多网友为上海警方迅速果断的处置、公开坦诚的态度点赞。我们认识到，“网上发言人”只有坚持在热点新闻、突发事件发生时，及时主动回应社会关切，才能赢得公众的信任。

第五，作为一个“网上发言人”，“上海发布”不仅要满足用户的信息需求，同时还要提供一些公共服务，以服务去赢得用户。所以“上海发布”虽然是一个小小的微信公众号，但它却能干很多事情。我们从2014年10月起做了“市政大厅”这样一个功能菜单，里面集纳了上海市民在日常工作生活中可能高频次使用的18项服务功能。比如公交实时到站查询，市民要乘坐一班公交车，只要输入公交车线路号，就能在手机上查到离你最近的一趟公交车还有几站到达，需要几分钟，它的车牌号是多少。这样一些基于移动互联网的民生服务功能，也大大增强了用户对“上海发布”的黏性。几个简单的数据跟大家分享一下，到2017年10月为止，“市政大厅”功能页面的累计访问量超过7亿次，日均访问量超过105万。像公交车实时到站查询，它的页面访问量是2.9亿次，可以说这已成为上海市民日常生活中的一种刚需。

第六，以亲和的形象增强传播的软实力。作为机构媒体，要承担好“网上发言人”的角色，必须增强自身角色的亲和力。“上海发布”也做了一些创新探索。2016年我们正式推出了自己的吉祥物“兔小布”。如果去过上海，对上海有点了解的人应该知道，小笼包是上海的特色美食，而“上海发布”诞生于2011年，是兔年，而且上海很多年轻人，对大白兔奶糖也有着很浓的情结，所以综合这几个要素，我们的美编设计出“小笼兔”这样一个形象，结合小布的昵称，取名“兔小布”。

围绕这样一个形象，我们延伸制作了很多表情包，包括上海话的表情包，这些活泼可爱、生动有趣的形象，在日常信息传播中起到了很好的助力作用，进一步拉近了我们和用户的距离。用户会改变对传统政府机构刻板的印象，发现原来政务新媒体也可以这样萌，在这样一个平等互动交流中，网友就会把“上海发布”当作一个可以信任的朋友。

最后，塑造和完善“网上发言人”的角色形象。我们要塑造的“网上发言人”角色，如果给他一个画像，第一个关键词是权威可信，因为他本身是一个政府机构媒体，发布的信息一定是权威的、准确的、可靠的。第二个是知情善言，掌握和了解很多信息，善用符合互联网传播规律的语言表达和表现方式，发布和传播政务信息。第三个是服务尽责，他始终怀有服务市民的理念，无论是信息服务还是功能服务，都希望能表现最大的诚意。最后代表政府的“网上发言人”又是非常具有亲和力的，是可亲近的，让网友在互动和交流中进一步增强对政府的理解和信任。

（演讲者丁利民，“上海发布”办公室主任）

案例分析

微信矩阵模式的构建策略解析

何谓“微信矩阵”？

2014年7月，引领微信公众号开发的“微信通”平台再推一项新的应用模块：微信矩阵。如今，“上海发布”“新闻晨报”“中国文明网”等政务微信，均建立了微信矩阵。那么何谓“微信矩阵”？实际上，目前对于微信矩阵还未有明确的定义。

陈倩倩（2015）认为，微信矩阵是借助微信，横向联合多个相关主题微信公众号，通过纵向垂直管理，横向整体统筹的方式进行对应主题展示，从而实现与广大微信用户良性互动的一种新媒体平台。王佳欣（2015）认为，微信矩阵指的是报纸进驻微信后，以官方账号为主，将原来报纸的不同板块分为各个子账号，再加上立足于当地而推出一些特色服务的公众号共同作为子账号。它们之间相互借力，一起覆盖了人们需求的方方面面。这种做法是以用户需求为核心，实现更加个性化、针对化的服务。

以上对于微信矩阵的概念由渠道和用户的角度进行定义，笔者认为，微信矩阵最吸引大众的原因在于当用户关注一个官方微信公众号时，可同时点击多个官方微信公众号的信息。实际上，微信矩阵作为一个平台，将多个微信公众号互联，形成类似于星型网络拓扑结构。（如图）

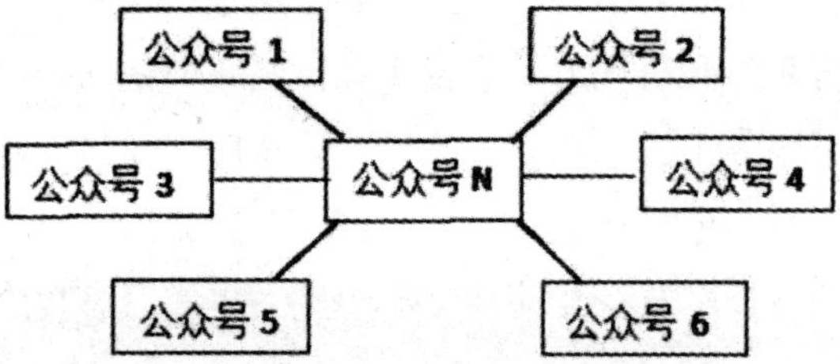

星型拓扑结构

如图所示，以“公众号N”为中心，向外扩散多个子公众号，即：“1+N”模式，当用户订阅相关公众号时，多个公众号会通过集群展示，因此同时点击各公众号即可完成关注。由微信认证的公众号的各个子账号联结起来的微信矩阵，本身的可信度就很高，此外，微信矩阵将各个子账号的资源汇集到了一起，进行整合，极大程度上方便了用户，满足了用户的各种需求，这也是微信矩阵最具特色的地方。

“上海发布”微信矩阵的构建模式分析

“上海发布”是上海市政府新闻办官方的微信公众号，作为政务信息的发布传播者，“上海发布”稳居全国省区市政务新媒体排行榜政务类微信号榜首。关注此公众号，便能看到微信矩阵，打开微信矩阵，就如同打开了一张上海政务地图，从各区、委办局到重要机构，微信矩阵则包含了16个区县、24个委办局、17个重要机构共57个政务微信公众号，不同类型的政务微信都汇聚于此，让大众一目了然。

打造“上海发布”微信矩阵的必要性

（一）能够将用户进行平移

由于微信矩阵是以“1+N”模式，类似星型网络拓扑结构所构成，打造“上海发布”微信矩阵，将各类与“上海发布”相关的微信公众号集结在同一平台，集各个与大众、民生需求相关的用户于一平台，“委办局”“重要机构”都是与“上海发布”相关的微信公众号，通过构建微信矩阵从而将相似的微信公众号的用户聚集在同一个平台上。

	公众号	发布	总阅读数				总点赞数	新榜指数
				头条	平均	最高		
1	上海发布 shanghaifabu	10/46	315万+	90万+	68,598	10万+	17,770	957.0
2	萌动上海 mengdongsh	7/14	48万+	35万+	34,858	83,937	4,242	851.3
3	上海税务 shanghaishuiwu	7/24	21万+	10万+	8,754	54,138	1,687	788.9
4	青春上海 qingchunshanghai	7/22	18万+	12万+	8,536	29,646	2,025	781.7

政务类微信公众号排行（来源：新榜）

据腾讯数据统计，2016年12月19—25日，“上海发布”的总阅读数达到315万，同时总点赞数达到 17,770次，位居政务类微信公众号榜首，其地位也是难以撼动的。

（二）能够整合内容资源

在微信矩阵未出现之前，各个微信公众号只是集一家之所言，而在微信矩阵出现后，各个微信公众号逐渐由“单打独斗”升级为“集体作战”，以一个微信公众号作为入口，多个相关的微信公众号的内容资源整合在同一平台。

如“上海发布”的政务微信矩阵中，上海各个区县的微信公众号都推送着本地的相关消息，具有区域特色，囊括新闻类、生活类、娱乐类等等。打造“上海发布”的微信矩阵则是将相似的微信公众号进行内容整合，同时可以全方位对资源进行扩充，如“上海发布”的微信矩阵如增加旅游业等相关可以推送上海地方特色的微信公众号，将内容零散的信息整合成为全方位的数字内容服务，便可打造更完善的公共政务微信推送平台。

（三）能够促进政务微信公众号的发展，塑造独具上海特色的城市形象

“上海发布”凭着权威发布重要政务信息、及时传递民生服务信息、拓展便民办事功能，在微信平台架起政府与民众沟通的新桥梁，赢得了市民的认可与欢迎。

笔者认为，不仅仅是微信矩阵，在“上海发布”的微信公众号中，还有“市政大厅”及“IloveSH”等极具上海特色的展示平台，包括“沪语童谣”“英文解沪语”等标题，以上海的方言及具有代表性的建筑物刻画出上海的地方特色，展示出上海的变化、时代的变迁。因此，通过微信矩阵构建“上海发布”平台，在线上承担着政策、民生的告知功能，致力于构建属于“上海发布”的政务形象，扩大对社会的积极影响；此外“上海发布”还作为载体传递城市形象，构建属于上海的城市精神，也是“上海发布”更深一层的含义所在。因此，如加入构建微信矩阵的热潮中，不仅能够以微信矩阵为此次活动的平台，使用户通过一个“上海发布”公众号便能得到全方位的相关信息，同时，“上海发布”的品牌效应会随着微信矩阵的催化剂而变得更加壮大，形成具有特色的微信矩阵，彰显上海的城

市特色，通过具有上海特色的元素，传递上海的城市调性，使“上海”两字在大众心中所构建的轮廓愈发清晰。

打造“上海发布”微信的策略建议

（一）打造全方位的微信矩阵，进驻更多与“上海发布”相关的微信公众号

微信矩阵是由几个相关但不同的微信公众号构成的，每一个子公众号都具有个性化优势，当用户关注后，可以根据自己的需求，随时通过此平台了解到他所关注的微信账号信息，信息全面且能直达用户，将平台化与垂直化相结合。在“上海发布”的微信公众号中，目前的子公众号大多数为在线服务，比如：在市政大厅，亦可成立以各区县为单位的微信矩阵，目前大多开设实时公交查询、驾照违法记分、公积金查询等功能，虽然功能正在逐渐完善中，但是缺少富有上海城市特色的子公众号，如开设以区为单位，以“老上海”为主题的子公众号，推送一些关于老上海的标志性代表元素，更能使政务微信增添些“人情味”，无论是身居何处，都能以“上海发布”作为整座城市的窗口，通过“上海发布”平台，传递城市特色，构建城市形象，为大众提供全方位的用户服务。

（二）对自身微信公众号进行横向、纵向的扩充，推送更为全面的内容

以“上海发布”的子版块“市政大厅-景区实时客流”为例，若将此功能进行垂直化扩充，以上海地图为界面，将各个区的景点客流量以热点图的形式加以呈现，那么景区客流量也会更加直观地呈现，由此也能为大众提供更加全面、便捷的用户体验；抑或可加入“在线预约”功能，通过“上海发布”的网络平台进行医院的线下预约挂号，或是在线上进行一对一专家咨询服务、就医引导以及身体检测结果的在线查询。做到为大众提供全方位的民生服务。微信矩阵的构建，使内容更加细化，具有针对性。

（三）提升人性化服务质量，获得良好的用户体验

“上海发布”作为官方政务微信，以最快的速度、透明的态度传递权威信息，可以帮助政务微信树立良好的口碑与公信力，更好地承担政务信息发布的职能。通过为大众提供更人性化的服务、推送更加精准迅速的内

容、统计更加精准的用户使用行为，从大众角度出发，让大众感觉到更加良好的用户体验。

结语

广义上说，微信矩阵的建立，能够扩展平台进行资源和用户的整合，实现平台化与垂直化的结合，为用户提供全方面、多方位的垂直型信息渠道，在一定程度上改变了微信原有的传播模式，形成新的传播格局，凸显微信矩阵的新优势；同时，通过微信矩阵的构建，也成功塑造了属于自己的微信官方公众号形象。综合而言，微信矩阵的建立一方面使得各个公众号既保持本身的独特性，另一方面又相互协调，形式多元，内容富有针对性。

具体而言，“上海发布”微信矩阵，利用自身平台优势打造线上微信矩阵，通过微信矩阵，打造属于上海的城市印象，代表的是一种属于上海独有的热点符号，是一种上海独特的城市魅力。

（作者祁慧媛，上海理工大学出版印刷与艺术设计学院硕士；作者薛雯，上海理工大学出版印刷与艺术设计学院教授）

“专家点评

政府机构实施互联网国家治理的新探索

政务新媒体既是互联网时代政府推进信息公开的新渠道，又是改善信息宣传效果的新手段。以“上海发布”“北京发布”和“天津发布”等为代表的政务新媒体，针对教育、交通、公共服务等社会公众关切话题，快速、持续地发布涉及重要民生政策和重大突发事件的权威信息。在传递政府声音方面，始终坚持“内容为王”的基本理念，能够对信息多方核实、以确保内容的真实与准确，而且运用体现互联网思维的新型传播方式，以图解、视频等民众喜闻乐见的形式进行信息公开和舆论引导，实现了政务信息传播与宣传模式的创新。

同时，“上海发布”的实践探索体现了政府机构通过互联网实施国家治理的现代治理理念，展示了新时期党政部门对社交媒体等新型传播平台的有效利用，这种对国家治理现代化的有益探索无形之中实现了社会治理模式的局部创新，总体上为上海市智慧城市的建设赢得了口碑。以“上海发布”为代表的治理创新，是在对政府行政资源整合的基础上，以实际行动推动主流意识形态内容占领新媒体平台，全面提升了政府在日常信息传播和突发事件中的舆论引导力。当然，以“上海发布”为代表的这类依托互联网实施的社会治理创新的发展，还需要倚助制度层面的持续创新和有效保障，以避免未来政治传播体系运行中的制度逻辑乏力。

（作者卢家银，中山大学传播与设计学院副教授）

08

新京报“我们视频”

在融合发展的进程中，新京报不断建设专业架构，在融合式报道传播中，向纵深方向迈进，实现了传播效果的最大化。近年来，新京报涉足新闻视频内容生产，进行了很多探索，包括“我们视频”和“动新闻”在内的新闻视频对新京报来说，已不再是锦上添花的产品，而是日常新闻生产中不可或缺的重要一环。

主题演讲

移动端新闻直播的探索和思考

《新京报》创刊14年来，致力于打造全媒体原创的内容生产平台。我们目前生产的新闻内容，日均覆盖次数超过3500万次。新京报的核心竞争力在于内容生产，能够对品牌进行宣传报道和调查，但在整个新媒体产业当中，新京报非常清楚自己缺什么。

传统媒体在技术、渠道、资金以及全新的机制上面都是非常欠缺的，所以从2016年开始我们便实施“互联网+”和“+互联网”的战略，用竞争力去搭载互联网企业的技术、资金和渠道，创建新的机制、体制，孵化新的产品、新的业态和新的模式。“我们视频”就是与腾讯深度合作的“+互联网”项目。

2013年新京报便启动了内容的视频化战略；2016年与腾讯合作，启动“我们视频”项目，播出平台主要是腾讯的各端网。短视频是从2017年6月份开始，在微博上有展示。我们依靠着对热点事件的跟进，视频内容得到多家媒体和平台的转载。我们的定位是专注时政、社会热点、突发事件为主的新闻，主要为朋友圈的社交热点以及上热搜前十的新闻热点。我们的目标是通过直播和短视频的形式，覆盖国内新闻热点和重要现场，重要事件我们都力求不缺席，这是我们的口号，也是我们的要求。我们的直播有700场，流量过亿，在过去的两个月，我们做了两场新闻直播，日均段视频30条，腾讯发布的2017年第二季度的流量榜单，“我们视频”大概是16.1亿，月均过5亿。

下面我们分享一下内容方面的案例。移动端的新闻资讯直播的兴起主要有两个因素，一是智能手机的普及，二是运营商4G网络的覆盖。

其实早在新闻资讯直播之前，娱乐、体育、游戏、经济等方面早有媒体布局，我印象中国内做新闻直播最早的应该是澎湃。在2015年“东方之星沉船事件”中，澎湃便开始在现场发布视频报道。新京报2016年与腾讯合作设立的记者标就是移动端。2017年的变化就是对信号采集的要求。2016年我们和腾讯合作，不间断、现场实时直播报道代表委员参政议政，全方位、多角度、全景呈现全国两会的盛况。大会的记者转型，做融合式的报道，他们不仅要进行正常的文字采访，还要拍摄图片、直播、拍摄短视频。2016年做全国两会报道大概持续16天，累计直播时长98.5小时，容量超过1个亿，短视频有近7000万的点击量。除了两会，北京或者国内重大的会议现场也可以看到移动视频直播。直播的特点是实时、无剪辑、无编辑，对不可测的结果的悬念的吸引，便携，拿着手机，出发就可以发起直播，启动快速，这些优点都极大地提高了新闻生产的时效性。

比如2016年8月2日晚，北京南三环一个地铁口旁边的建筑市场发生一起大爆炸，按照传统的操作两个小时之后才会有文字报道，但是我们能够在半个小时内，从不同的角度，实时地通过画面提供信息给我们的用户。火灾、汛情等突发的灾难，特别适合移动端新闻直播的形态。我们也尽可能在做这方面的新闻实践，2016年北京大雨的时候，当时武汉、石家庄、邯郸，微博上出现了很多处理过的图，比如传闻地铁站已经进水了。但当时我们同时派出十多个记者抵达热点现场，把画面用移动端直播的形态去辟谣。PC时代无图无真相，但现在已经到互联网时代，无移动端直播、无视频直播无真相。

除了小型突发事件，在重大突发事件面前，比如陕西绥德溃坝，我们的记者能够第一时间抵达，除了直播这一标配以外，还包括航拍的无人机、智能穿戴设备，包括眼镜、录像机等，通过我们能够使用的最新的技术，提供最丰富的信息。面对重大突发事件，我们能抵达核心的现场，传回核心的画面。从2016年到2017年，包括华北华中的汛情、江西抚州的溃坝、吉林永吉特大洪水，我们记者都能第一时间抵达现场。我们的目标是面对重大新闻事件时，团队能够做出相对较快速甚至最快速的反应。

再比如2016年河北一个儿童掉进枯井，整个营救过程持续了近110个小时，我们的记者几个小时之内便抵达现场，前后派往7个记者，持续直播了65.5小时。再就是累计2016年整个平台事件类直播的三大流量。第一个是霍建华和林心如的婚礼视频类直播，第二个是王宝强的离婚案直播，第三个是保定大救援的直播。长时间、高流量，同时我们生产短视频超过22条，并对一些热点进行回访。

在一些重大的节点，比如大兵回家，我们会跟随他们通过直播的形态来记录，获得了良好的效果。大兵回家的直播视频产生了800万的流量和58万的评论。直播这一形式除了提供事实的信息，也给了网友互动的机会，现场不仅可以看到实时的画面，还可以看到网友和主播之间的互动情况。除了直播，我们也会做一些短视频，目标也是第一时间采访到新闻当事人，还原新闻现场。值得一提的是，如今新京报所有的重大事件报道都是权威级的报道，而其中的视频和直播，则扮演了十分重要的角色。

我们在内容生产上面不断做着尝试，这是我们顺应移动化趋势制作视频的探索，接下来我们会结合新的技术做更多的创新，做更好的内容。

（演讲者刘刚，新京报社视频报道部主编）

案例分析

用“文字+视频”创新新闻生产模式

在融合发展的进程中，新京报不断建设专业架构，在融合式报道传播中，向纵深方向迈进，实现了传播效果的最大化。近年来，我们涉足新闻视频内容生产，进行了很多探索，包括“我们视频”和“动新闻”在内的新闻视频对新京报来说，已不再是锦上添花的产品，而是日常新闻生产中不可或缺的重要一环。

抓住最后的转型机会

2017年4月27日，新京报社社长戴自更在“2017 移动视频峰会”上发表题为“站上视频风口，传统媒体的突破与探索”的主题演讲，解读新京报的新闻视频之路。他认为：“视频是新闻的终极表达，这是传统媒体转型的最后机会。”

2014年被称作移动直播元年。这一随科技飞速发展而勃兴的新传播形式，受限于信号和网络，在初期并没有使太多人相信它能在新闻报道领域占有一席之地。然而短短两年后，大量媒体开始试水直播，新闻短视频的势头也被广泛看好。在视频新闻勃兴的大背景下，即使是传统纸媒也不愿意错过这一契机，希望用“文字+视频”的组合拳打破陈旧的新闻生产模式。不少电视台则以经营“中央厨房”的形式开疆拓土，抢占技术变革高地。各大媒体在新闻类“直播+短视频”的移动新闻视频领域竞争中也不断发力，一时间大有百舸争流之势。

如何把新的传播形式融合进现有传播格局，加速业务整合和内容布局，做出更具深度的融合报道，成为移动新闻视频领域野蛮生长期突围的制胜关键。新京报在2016年的全国两会上，率先启用视频直播的报道方式，零时差、全方位、多角度，广角呈现两会盛况。在突发事件和社会热点事件中，“移动小屏直播+短视频+文字快讯+深度调查”的融合生产模式，让新京报在与同类媒体的竞争中脱颖而出，走在了移动视频传播第一梯队的前列。

2017年9月11日，“我们视频”企鹅号上线，此后视频直播一直是新京报重点发力的领域。新京报布局视频直播，是依据传播环境的改变顺势而为。“我们视频”已逐渐打造成国内领先的视频直播和短视频制作、传播平台，去年该团队还荣获了多个互联网直播大奖。

“动新闻”则是新京报更早的视频报道尝试。2015年1月，新京报成立“动新闻工作室”，着力将其打造成为“动画新闻短视频专家”。“动新闻”主打3D动画以及二维动画，3D动画运用在新闻报道中，往往能还原到不了的新闻现场，也能展现微观的、普通人无法看到的世界，将新闻报道从平面拓展到三维空间。二维动画主要运用在政策解读上，难懂的政策变身新闻动画产品，更容易让受众接受。

2014年12月31日上海外滩踩踏事故发生后，新京报第一条3D动画新闻还原踩踏现场。天津港大爆炸事件发生后，“动新闻”生产了一系列报道，七天时间生产了47条“动新闻”，获得1.7亿次的点击量。值得一提的是，2017年3月5日上午，十二届全国人大五次会议开幕，李克强总理作《政府工作报告》。2017年纸质版32页的《政府工作报告》与以往不同，首次在首页右上角添加了二维码。扫描二维码后，可以查看以视频、制图呈现的2016年政府工作的相关指标任务完成情况。而这2分50秒的动画视频的制作者，正是新京报与360、小米、三胞集团等企业共同投资组建的动画新闻短视频工作室。

直播试水从两会开始

对于传统媒体而言，新的传播形式一直在冲击原有报道形式，如何最大程度地进行自我优化以获得竞争力，一直是各大媒体努力探索的领域。

门户网站甚至报纸网站和手机新闻移动端对于重大事件、时政会议的文字直播，长期作为和电视广播竞争时效性的有效方式，同时也对传统报纸、电子报的内容传播进行有力补充。但这种图文直播仍然是对现场声话影像等进行人工再造的二次加工，对在现场占据设备技术优势的电视媒体并没有形成真正意义上的冲击。

从2016年全国两会开始，新京报即开始试水融合移动小屏直播，现场20余名上会记者全部统一配备移动视频直播设备，经过统一培训，除在新闻客户端上更新一手文字消息外，也为受众带来“零时差”的纵深直播体验，近距离感受现场代表委员的参政议政过程。

2017年，在大量媒体意识到直播这一蓝海的价值时，新京报相关负责人在全国两会召开前即召开多个部门的联动会议，经过精心策划，决定深耕移动视频领域，将镜头和视角从会上延伸至会场外部，差异化发掘两会现场的独家、独到新闻点，向“人有我特”对标。如直播两会代表委员乘坐地铁进京，跟随代表委员进入会场，甚至相关宾馆如何为代表委员提供会间会后餐食这样的细节均被一一记录。

2017年，短视频成为两会报道的标配。新京报独家专访多名两会代表委员，视频部门与文字部门配合联动，除在每日微信矩阵推送深度解渴的一手资讯外， 也在页面同步推送短视频，新京报网、新京报客户端、微信矩阵和腾讯新闻客户端同时发力，尽可能发挥小屏移动视频轻便快捷的优势。

会议前提出策划方案，在每天的执行期间，前方记者即时反馈现场情况， 由后方编辑具体统筹、评估传播效果和检查风险疏漏，针对下一刻的热点议程议题调配人员，确保重要场景和热点代表委员不错漏。编辑方面，除在第一时间把关现场音像素材，还要就地选材，将直播素材剪辑制作成短视频，全方位覆盖两会过程。

在直播中抢占采访先机

在突发事件中，受限于现场的环境，往往电视出镜很难兼顾机位布局和议程设置，记者在现场的出镜更多是以“我在现场”这种口述现场方式，通过设在现场外的摄像机向电视机前的观众做出解释。相比之下，移动小屏直播和手机短视频则能最大限度地深入现场，实时机动地同步记录现场进程，记者伴随式的现场体验也成为受众在现场的“手”和“眼”，能够身临其境地“浸入式” 介入现场情景。

比如在 2016 年的雷洋案中，新京报率先披露，以网络快讯的方式连夜发出自己的第一条稿件，次日上午完成深度稿件的采访，当日即通过微信公众号“剥洋葱”发出《“涉嫖者”雷洋的非正常死亡》一稿，而在随后的实地调查探访过程中，通过采访多个直接和间接的目击者，还原事发情景，通过新京报网和微信公众号“重案组 37 号”独家发布《现场探访：“雷洋事件”涉事足疗店已停业》一稿。

当天晚上，新京报派出三名视频记者，以雷洋所在小区作为起点，重走雷洋事发路线，以此发起直播。值得一提的是，本来以为现场采访饱和的雷洋案在当夜有了更多的发现。在事发小区，适逢大量现场目击者下班，他们在现场接受采访时多信源回忆事发经过，包括雷洋被拖拽下车等细节。另外，有大量小区居民指证涉事足疗店涉黄，自己曾不堪其扰上门要求对方收敛等。直播中网友评论热烈，高度还原了现场场景，获得了意想不到的效果。

突发新闻的视觉化呈现，也是“我们视频”直播的主阵地。2016年夏天抗洪救灾中的江西鄱阳向阳圩溃口合龙报道，新京报记者进入遭遇洪灾的村庄，记录下断水断电、农田被淹情况下村民焦虑的场景。白天超过4小时的“地面+航拍”的陆空双线直播记录下了向阳圩合龙的瞬间，以及当地政府救助进入村庄，发放赈灾物资，村民排队领取物资的场景。在直播间隙，视频记者还不间断地通过新京报网刊发文字快讯，实时传递灾情，并在次日刊发两个版的图文版《封堵决口》，全程记录了水灾下的脆弱村庄面貌。

移动直播具有互动性，镜头将用户零距离“置于”事件现场，使用户成为每一场重大新闻事件的深度代入者，点对多的实时交流模式，让记者和受众可以通过互联网设备实时进行文字、声音、影像的互动，用户的反馈可以实时影响新闻播出的内容，超越了传统电视只能被动接受资讯的状态。

配合中的融合报道模式

实际上，为了优化信息内容，对于报社记者而言，熟练掌握新媒体工具，熟知传播规律，从传统领域踏出，转型为全媒体记者，不只是新命题，也是重要考验。

以往的内容传播，可以将图文轻松搬上微信、搬上网页、搬上H5，但对于视频类的镜头语言和VR虚拟来说，一线记者抵达现场，想要提供更加丰富的内容和差异化二次传播，就要求他们掌握更多的技能。

在2017年6月下旬刚刚过去的南方暴雨洪灾中，民政部数据显示，南方共计11省份78人死亡，千余万人受灾。洪灾后，新京报记者立即响应社会热点，多部门合作，深度报道部记者到受灾最严重的宁乡一线采访，刊发了《大水淹了这座湖南小城，但淹不住宁乡人的英雄气》。与此同时，视频部记者在宁乡当地受灾情况较严重的沙河市场完成现场探访，长达5小时的直播记录事发经过和灾后居民自救情况。另有短视频记录断水断电、通信中断的村子里农民正在地里舀水保稻苗的场景。深度报道部记者采写的《守卫橘子洲二天三夜全记录》一文刊发后，视频直播同时快速响应，记者登上橘子洲头，记录下志愿者在广场上清淤的场景，在视频直播的画面中，还实时标示直播现场的地点、日期和具体时间，辅以记者的解说和字幕标题提示，尽可能让受众有身临其境的感受。

从2016年开始，新京报几乎所有重大事件报道，都通过全媒体的融合报道， 连线现场直播、深度调查、评论、动画与短视频等。在移动视频新势能爆发的大趋势下，新京报已从一张报纸成长为具有影响力的全媒体原创内容平台，其在视频上的探索或许可作为当下媒体转型的一个典型样本。

（作者胡杰，新京报首席编辑；作者林斐然，新京报视频报道部记者）

专家点评

原创全媒体新闻生产的典范

新京报属于市场化媒体，在近年来的媒体转型发展中走出了一条自己的路径，概括来讲，这条路径具有两个鲜明的特点。

其一，坚持原创新闻生产。在巨变的媒体环境面前，新京报没有像很多市场化媒体那样“乱了阵脚”甚至是“不务正业”，而是在优质原创新闻生产上下功夫，不断出品有鲜明“公共特色”的优质新闻。在碎片化、肤浅化、轻度化、娱乐化、副刊化的“泛新闻”的新闻环境中，新京报的新闻不啻为一股清流。

其二，创新全媒体新闻生产。毕竟是在全媒体时代，在坚守优质原创新闻的同时，也要创新新闻生产的方式。过去几年，新京报大力开拓视频形式的新闻生产，把视频视为是新闻的标配，适应了读者阅读需求的改变和提升，适应了“两微一端”的内容呈现，从而极大地提升了新京报优质内容的传播力和影响力。

就上述两点而言，新京报比许多同行都做得出色，这些原创新闻也表现出了比较强的变现能力，证明坚持原创内容生产的媒体依然具有比较好的变现能力，从而有效地带动了新京报的经营拓展工作，使新京报取得了良好的融合发展成果。

（作者窦锋昌，复旦大学新闻学院研究员、高级记者）

09 封面新闻

封面新闻从主打年轻群体上细分市场，从加强技术创新、内容原创、一体融合等方面着手，建设属于网络原住民的智媒体，为公众和网民营造积极有益的网络空间，给传统媒体的融合转型树立了新的标杆和借鉴。

主题演讲

智媒体创新与探索

今天是2017年10月28日，正好是封面传媒成立两周年。今天我要讲的内容，也是今天刚发布的“封巢智媒体系统”。我先把我内心想讲的几句话跟大家分享一下。

第一句话，三五年河东，三五年河西。下次讲的时候可能要改成三五天河东，三五天河西，这就是现状。第二句话，唯一不变的是变化，唯一确定的是不确定。现在我们每天做传播、做产品、做技术，处理各方面的问题时，基本得不到确定的答案，未来唯一确定的就是不确定。第三句话，对牛弹琴不可怕，可怕的是一群牛对你弹琴。这个什么意思呢？我做了十五年的采编，又搞了三年经营，现在又搞产品技术，2017年是第一年。我们有70多人的产品技术团队，这个可能是国内媒体少见的。我是一个（产品技术）小白，应该讲是一个老白。我第一次面对他们讲话的时候，感觉我在对牛弹琴；而我听他们讲，我感觉一群牛在对我弹琴，特别恐怖。但这个牛没有贬义，说明他们都很牛。当时真就是这样。第四句话，要么解决问题，要么被问题解决。接下来一两年很关键，决战平台，留给我们的时间不多了。

围绕三个痛点，打造封巢智媒体1.0

我们今天刚刚发布封巢智媒体1.0。我们最先是想打造一个融媒体中心，有点像以前的中央厨房。不止中央厨房，我们要建设以封巢为代表的，以人工智能为引领的，以持续技术创新和持续产品赋能的新一代智媒体系统。

封巢是个比较高级的系统，自然界的蜂巢也是的，六边形，高效能。

做“封巢”的起点在哪里，从哪里着手？我们讲，痛点即起点。我们是《华西都市报》和封面传媒合而为一、传统媒体和新媒体在一起的产物，要兼顾，要通融。我们如何开始一个新的起点呢？我们的想法是，痛点在哪里，我们的起点也就在哪里。

我们有哪几个痛点？第一个：技术。技术甚至都谈不上痛点，是盲点。第二个：内容。我们的生产关系、生产力跟不上形势，所以内容也是一个痛点。第三个：管理。整体管理也是一个痛点。

针对这三个痛点，我们要打造一体化的三个平台：一是智能延展平台，延展平台就是开放性的，留切口的，新技术来了可以随时放上去的，比如机器写作。二是智慧内容平台，希望我们更智慧地生产内容，我们的内容也更智慧。三是智识管理平台，就是数据管理平台，我们的版权、安全、考核都是通过数据来驱动管理的。

封巢智媒体系统瞄准人工智能时代的发展趋势，找准“AI+媒体”的结合点，在管理、决策、效率上不断成长升级，旨在打造新一代行业云SaaS（软件即服务），“App+网站+工作台”全套解决方案，彻底颠覆传统媒体行业内容生产流程，实现人工智能时代媒体、技术和用户的交互式融合，用人工智能的思维推进媒体融合。封巢智媒体系统的上线标志着封面新闻在智媒体领域又迈出了崭新的一步。

技术痛点：开放性的技术延展

这是个延展平台，所有现在市面上有的好东西，因为我们有一群技术比较牛的人，每天采集，尽量加在媒体上来。通过将功能“模块化”与“集成化”，同时引入人工智能，实现了无限的后续升级可能。模块式功能添加简单方便并可持续更新，“智能三屏合一”可操作性强，蕴含巨大潜力。

我们正在打造一个实体机器人“小封”，在2017年11月16日智媒体大会上就会亮相，它来当主持人。我们跟微软、北京师范大学搞了一个人工智能实验室，要加大建设，微软有个小冰，我们也有个小封。相当于我们养了两个儿子，小冰是义子，小封是我们自己的。中间也有小矛盾，但是还好，两个儿子在一起时，可以互相敲打，都别娇惯。未来真的是深不可测，未来充满着各种变化。我们的实体机器人正在打造中，下一个智能传播终端——智能音箱，我们已经有所介入。

新闻领域和知识领域的深度挖掘和颠覆融合，我们都正在做，我们整个角色面向智能延展。主要是三个：第一个是传统新闻生产的整套解决方案；第二个是媒体领域云开放平台，我们行业也应该有自己的云，大家都在上面交融与共，没有云彩，哪有雨露；第三个是打造一个生态，树立媒体的标杆。

机器人写作，讲个近期的案例。2017年9月30日，四川青川发生地震。小封机器人仅用时8.09秒就完成1300多字多图表的稿件，包括速报参数、震中地形、周边村镇、周边县区、历史地震、震中简介、震中天气，并配有相关图片。国外有调查报告预计到2020年前后90%以上的新闻报道都将由机器来完成。未来我们的价值在哪里，我们的机会在哪里，这个是我们应该关注的。从事媒体就要面对这个问题，要么是编采，要么是运营，要么是产品，要么是管理，反正要进入这个行业就要考虑这些发展带来的问题。

内容痛点：更智慧地生产内容

这是一个鱼骨图，从鱼尾到鱼头，我们传统媒体讲的“策采编审发”，封巢系统就用热点监控系统、全网采集系统、内容管理系统和传播分析系统这四个系统分别对应这个“策采编审发”，我们还加了一个考字，实际上就是考评，这是一个很大的痛点。

现在记者面对的是一个全网化的写作环境，写稿子的时候不只面对特定对象，面对的是全网数据，它让你的稿件可能更好。现在有个问题，我们很多记者觉得参考量太大了，觉得变复杂了。我觉得这不是问题。有些人自行车骑多了，换辆汽车开，他一看仪表盘那么多，就说这个不好玩。但是脚踏车肯定不能和汽车比，汽车肯定要更快更强一些。所以我们说技术倒逼我们的生产流程，技术倒逼我们的生产态度，技术倒逼我们的生产关系。这里说的是鱼骨和鱼肉，鱼骨是产品技术，鱼肉就是编采，要丰富起来，要贯穿起来。我们现在所有的项目，就是团队运作，内容协作产品技术一起开发，不能骨肉分离！

“封面直播”是建立在产品技术支撑上的融合直播。根据封巢技术团队监控显示，在直播应用的支撑中，封面直播的产量和传播量在企鹅号、今日头条、UC各大平台长居媒体前三名。到目前为止，封面新闻直播视频部已生产制作了超过700场视频直播节目，总时长超过1500小时，总计收看超5000万人次。其中不乏“爆款”，像2017年5月24日，封面直播《俯瞰“川藏第一桥”》，就以超强的代入感引来共计71.7万人在线观看。所以，我们要用产品技术支持和改造我们的内容生产。

我们可以利用人工智能做不少事。2017年国庆节的时候，很多人都放假了，真正上班的是机器人。车票、交通等信息发布，我们还搞了个“开启黄金周奇妙之旅”活动，全部是利用机器人工作，一会儿发个图片、写首诗，一会儿弹个图片，还可以测颜值，大家玩得很嗨，它也很嗨。真正上班的就是机器人。截至10月8日零点活动收官，300万余人在网上见证了小冰的风采。

还有智能相亲活动，就是利用人工智能、用户画像和推荐算法、夫妻脸匹配、可视化大屏等技术，在线上线下改良相亲会，效果很好。其实大家想想蛮有意思的，相亲成功，参加他们的婚礼，问他们是谁介绍的，真的就是大数据，“数字红娘”。所以我们可以用很多东西来玩内容生产。

管理痛点：基于大数据驱动管理

最后一个智识管理平台，大数据可以帮我们做很多事情，版权追踪、智能考核、安全管理等等。我们开发了远景BI系统，想把整个行业移植在SaaS系统上。我们的天眼可视化系统，融合地理位置，展示实时业务数据，体现了传播的力量和路径。

党的十九大期间，我们做了一整套网络安全监测。网络每天遭受很多攻击，平时感觉不到，大数据安全监控系统就可以帮助我们。每天我们所有内容管理、经营管理，都是可以数据追踪的。还有版权追踪，显著提升了“封面新闻-华西都市报”的原创稿件版权保护工作，有效提高了版权增值增收。其实版权管理统筹，基本就一个人在工作，主要支撑他的是背后的封巢智媒体系统，技术给我们带来很大的解放。

传统的打稿费是一个很复杂的事情，我们有个设想，把记者名字输进去，工资就可以出来。这不是主观判断的，而是基于全网传播数据。封巢智媒体系统的出现有望彻底攻克这个痛点，系统将集成考核评价系统，以传播数据为基础，通过科学计算分析同时配合人工参数设置干预，将实现相对公正科学的薪酬计算。

（演讲者张华，封面传媒常务副总裁）

案例分析

传统媒体融合转型的探索与创新

党的十八大以来，以习近平总书记为核心的党中央高度重视媒体融合发展工作，习总书记多次强调要利用新技术新应用创新媒体传播方式，加快构建舆论引导新格局。中央全面深化改革领导小组第四次会议审议通过的《关于推动传统媒体和新兴媒体融合发展的指导意见》指出："要按照积极推进、科学发展、规范管理、确保导向的要求，推动传统媒体和新兴媒体在内容、渠道、平台、经营、管理等方面深度融合，着力打造一批形态多样、手段先进、具有竞争力的新型主流媒体。"

面对新媒体技术发展带来的传媒格局巨变和深度推进媒体融合的大背景，四川日报报业集团深入贯彻落实习总书记重要讲话精神，旗下的《华西都市报》全力打造"封面新闻"客户端，积极抢占信息传播制高点，努力提升主流舆论引导力，积极争夺网络空间话语权。而封面新闻从主打年轻群体上细分市场，从加强技术创新、内容原创、一体融合等方面着手，建设属于网络原住民的智媒体，为公众和网民营造积极有益的网络空间，给传统媒体的融合转型树立了新的标杆和借鉴。

趋势：传播主渠道的转移不可逆转

（一）移动化

2017年8月4日CNNIC发布的第40次《中国互联网络发展状况统计报告》显示，"截至2017年6月，中国网民规模达到7.51亿，占全球网民总数的五分之一"。从我国移动智能终端的规模来看，截至2016年12月已经突破13.7亿台。根据《移动互联网蓝皮书：中国移动互联网发展报告（2017）》，我国"移动互联网用户规模达到10.93亿"。移动互联网与移动终端更容易满足人们的各种需求，使用移动媒体已成为人们必不可少的生活方式。

（二）社交化

传播移动化的显著结果就是，信息通过移动社交的人脉传播渠道大放异彩，各类信息通过熟人社交建立的社会联系广泛传递，呈现出“无社交，不阅读”的显著特征。这种社交传播让“点对面”的大众传播模式不再是主宰，让信息生产不再是专业机构的特权，传播权转移到了每个人的手中。于是，传媒生态的地壳开始板块重组，带来整个生态链的崭新的重构与再生。

（三）融合化

传播渠道与传播方式的颠覆性改变，使传统媒体面临巨大的挑战，随之而来的舆论引导能力也面临了巨大的冲击。传统媒体开始转换思维，革新图存，颠覆性地推动自身融合发展，抢占移动传播渠道，努力跟上时代步伐。这也是主流媒体生存发展的需要，巩固舆论阵地的必然。

（四）智能化

以人工智能为代表的新技术，不断驱动着新一轮产业技术变革，也驱动着媒介技术革新。从信息采集、新闻制作到新闻推送再到传播效果的监测，人工智能在媒体领域全面渗透，一步步重塑传媒业态。对于用户来说，智能化媒体在更加人性化与个性化地满足用户需求的同时，又为信息传播业的变革带来新的无限可能。

探索：瞄准人工智能快速打造封面新闻

2015年10月，四川日报报业集团通过《华西都市报》启动封面传媒项目，打造封面新闻客户端，在国内也非常具有代表性，其瞄准人工智能未来趋势全面发力的探索，无论定位、理念还是产品都具有颠覆性和前瞻性。

（一）定位高：要做“人工智能时代的泛内容生态平台”

根据封面新闻多次对外发布的报告显示，封面新闻跳出了以往“搬报纸上网”的思路，不局限于做单纯的新闻客户端，而是依托人工智能技术，打造与众不同的“泛内容生态平台”。这个概念的提出与国内其他报纸客户端乃至知名互联网平台都有所不同，在定位上立意高远。

封面新闻以“网络原住民”即年轻网民为主要用户，并以他们的精神需求为主导，围绕媒体、电商和文娱这三大领域，来打造“泛内容”的产业链和生态平台。在实现路径上，封面新闻依托大数据、人工智能、裸眼3D、VR等新技术，做全新的内容和技术产品，重新联结人、联结信息、联结商品、联结服务。除了封面新闻客户端，封面传媒陆续打造了新的产品，封面号瞄准UGC（用户生产内容），封面智库瞄准高端研究报告，封面舆情瞄准人工智能舆情服务，封面数据瞄准大数据挖掘，封面电商瞄准内容电商，封面云瞄准媒体云服务等，形成了产品矩阵，打下了较好的基础。

（二）产品强：技术+内容的新生代客户端

封面新闻2016年5月4日上线后，业界好评如潮，认为是“技术+内容”的新生代客户端。面对人工智能浪潮，封面新闻的机器算法目前与最前沿的算法类资讯客户端并肩前行，实现了机器学习的能力，信息传播“因人而异”的服务也走在了前面。同时，还不断在语音识别、机器人写作和交互、数据挖掘等方面做强特色。2017年5月4日，封面新闻又在人工智能技术上实现大的迭代，新上线的App 3.0版本，算法推荐比以前更智能，在机器人写作技术上实现了突破，自主开发的“小封机器人”1.0版上线。这个版本在2016年12月写新闻的基础上，新增加了机器人聊天功能，在客户端的人机交互上走在了前面。2017年7月13日，微软“小冰”机器人正式入驻，快速提升机器人聊天功能，实现“小冰+小封”的结合，丰富用户产品体验。

内容原创力强是封面新闻另一显著特征。封面新闻是西部唯一有互联网一类新闻信息服务资质的客户端。目前全国有此资质的客户端仅有两家。封面新闻创立一年多便获得了中国报业协会的最具原创力媒体奖，“成为国内内容生产的一支重要力量”。在四川省第十一次党代会报道中，“华西都市报-封面新闻”首次采用了报纸深度报道先行、短视频预热、直播助推高潮的融合报道模式，通过深度文章、航拍图集、直播、短视频等手段，生产了多款爆款产品，实现一个主题多种呈现，构建起融合报道、立体传播格局，提升党代会报道的传播力和影响力。《四川凉山“亚洲第一高溜”将“退休”》《揭秘超级工程：159米隧道锚拉住川藏第一桥》《760台四川造机车驰骋“一带一路”沿线24国》《四川造带头C919掌舵波音787》《东进！四川造900吨盾构机掘进龙泉山》等融合报道作品成为网络传播热点。其中，《亚洲第一高溜》和《川藏第一桥》等数篇报道，文图、短视频和直播在全网总阅读量均超过千万人次。

（三）理念新：做智能+智慧的“智媒体”

互联网媒体既然是媒体，当然应当首先注重价值引导，这才是对公众、对社会负责任的媒体。在算法盛行的环境下，封面新闻没有完全依赖算法，没有让人成为机器的“俘虏”，而是在国内率先提出要做智能+智慧的“智媒体”。在具体实现路径上，封面新闻重视强化价值联结，让价值观来主导技术、主导算法、主导信息的因人而异抵达，通过赋予新型主流媒体正确的价值，来确定前进的方向。

过度依赖算法的客户端，问题是信息过载、信息过窄，封面新闻重视解决这个问题，并且注重突出信息的价值匹配，着力用智慧解决智能技术的不足，强调“智媒体”是智慧+智能并重，并且坚持算法与推荐要在正确价值观引领下来实现和提升。人工编辑的干预，是封面新闻做智慧媒体的一种途径，这样既能纠正算法的偏差，又可以把具备正能量的主流价值观资讯抵达用户。

（四）反响好：初具“现象级平台”的雏形

无论2015年10月28日封面传媒上线，还是2016年5月4日封面新闻客户端上线，都在全国产生了广泛影响。客户端上线在全网带动60余家企业大V和1亿2000余万网友。下载方面，成都、北京、广州、重庆等地用户积极踊跃。在网上，清华大学、中山大学、人民网舆情监测……10余所高校和研究机构的教授以及新闻学院负责人撰文肯定了封面新闻的创新意义。封面新闻从上线到2017年上半年，已经实现了逾700万的用户下载量。据封面新闻开发的BI系统显示，这些用户以四川为主，同时全国各地都有，在年龄构成上，以20—35岁为主，实现了年轻化的目标定位。2017年，封面新闻入驻腾讯的企鹅号，经过3个月，就成为“月度互动指数”的冠军，综合指数排名全国第二。封面直播多次排名国内直播榜第一。

一年多的发展，封面新闻的品牌美誉度已经得到了各方的认可。2016年8月，国家新闻出版总局报刊司首次开展全国媒体融合案例评选，共有

423个案例参评，封面新闻在入选全国媒体融合案例30佳的基础上，参加了为期3天的路演PK，综合打分排名全国第三。“封面新闻”客户端在中国报业协会的奖项评选中是行业标杆，被评为中国报业融合发展项目“十佳”创新奖，四川只此一家。另外，根据报道，封面新闻还获得了“中国十大政商人群关注的地方新闻客户端”“年度新媒体创新大奖”等奖项。由国家新闻出版广播电视总局主管的《中国新闻出版广电报》在报道中评价：“封面新闻已经在全国初具‘现象级平台’的雏形，在传统报业持续下行的环境下，其融合转型的做法和探索具有标杆意义。”

启示：坚持按互联网规律来推动融合创新

技术推动时代快速变化，大数据时代才刚刚开启，人工智能又快速成为发展主题词，整个互联网运行的法则和规律不断发生变化，不断重塑互联网世界，不遵循规律不行，遵循规律慢了也不行。媒体融合和传统媒体的转型也需要改变思路，瓦解、重生、再造。从封面新闻的实践来看，媒体要重新联结世界，就必须坚持按互联网规律来推动融合创新。

（一）坚持用户至上，重新构建与用户的关系

用户思维是互联网产品赢得市场的重要规律。媒体转型如果还是读者思维、受众思维，肯定不能获得成功。如何构建以用户为中心的关系平台，贴近满足用户的真实需求，对长期局限于新闻报道的媒体人来说是最大考验。从封面新闻的实践来看，都是按照用户导向，来重新定义产品，为年轻用户精准匹配内容。比如封面新闻吸引用户参与生产，打破了传统编辑部界限，既让用户的生产力得到了挖掘，又强化了与用户的联系，让点滴力量汇聚起来，形成人人参与生产的信息洪流。

封面新闻以独具特色的产品强化与用户的关系。封面新闻打造的“有画说”栏目以轻松有趣的方式，用漫画和科技来展现新闻，符合年轻用户的口味，多期网络传播次数达100万+；“上班女郎”栏目顺应90后敢于展示自我的特点，吸引广大年轻女性参与拍摄个性化的靓丽照片，充分展示自己。此外，封面新闻还打造了系列服务年轻用户的产品，这些创新做法，都是围绕用户做文章，与用户建立强联结。

（二）坚持细分市场，重新瞄准新的群体突围

多项调查显示，年轻人是互联网的主流消费群体。他们是典型的“低头族”，刷微博、刷朋友圈、打网游等方式占据了生活的大多数时间，呈现出跨平台、跨屏幕消费的特征。在互联网的红海竞争中，传统媒体如果再去做大而全、泛而广的产品，竞争力远远不如“BAT”等大型平台，只有精准定位、细分市场才能有生存发展的机会。封面新闻作为创新公司，目标用户定位走出了差异化的路子，他们关注85后、锁定90后，打造属于年轻用户的产品和平台，具备了新的竞争力，也打开了新的市场空间。

封面新闻的用户定位为“亿万年轻人的生活方式”，打造了校园、封蜜等诸多符合年轻用户习惯的频道和产品。比如封面号的打造，就吸引高校学子等年轻用户入驻，生产属于年轻人的自媒体内容，在国内的自媒体平台中较为少见。

（三）坚持原创立身，内容为王强化核心竞争力

与其他商业聚合类客户端不同的是，封面新闻充分发挥了专业媒体出身的内容原创优势，比如强调内容要重大、原创要独特、独家必须唯一，通过内容原创来和聚合型客户端进行竞争。在原创内容中，封面新闻的直播和短视频表现抢眼。与其他网民生产的直播和短视频不同，封面直播突出专业性来提升竞争力，封面短视频强调精品来彰显特色。在今日头条和新榜发布的视频排行榜上，封面直播长期占据前三，多次拿下“状元”。

2017年8月8日四川九寨沟7级地震之后，封面新闻派出19名记者前往震区，全面、真实、客观地反映抗震救灾的进展。例如封面新闻记者通过深入采访，挖掘出感人故事——《“最美逆行”的陪衬者是在逃命？》被人民日报8月16日微信头条转载，全国多家媒体爆转，引发全国人民点赞。封面新闻直播视频团队一共制作了70余个短视频，从救援、灾情进展等多角度报道了灾难，共计获得观看量1亿2000余万次。其中，视频报道《四川九寨沟7.0级地震现场直击多方救援》《地震发生时九寨千古情正在表演汶川地震场景结果真的地震了》《四川九寨沟7.0级地震　6路记者赶赴震中》《九寨沟景区通报灾情：火花海决口受损严重》等全网阅读数量均超过了100万。

在“茂县山体滑坡”报道中，“华西都市报-封面新闻”第一时间启

动新闻应急报道一级预案，24小时滚动播报前方灾情和救援情况。首批特别报道组记者快速抵达现场，随即开始用直播、短视频、航拍等新媒体报道手法，对整个救援过程进行24小时不间断报道，用直播的方式和场景切换技术串起了前方后方现场记者的文图、音视频等形式的稿件，总观看人数超过857万，一度超越央视直播的在线观看人数。两天内生产短视频56个，总播放量超过2700万，120余条图文稿件全网阅读数突破2亿。

（四）坚持技术引领，紧盯前沿技术创新产品

一直以来，传统媒体在融合转型上不重视技术，更无法打造出技术领先的新媒体产品。有鉴于此，封面新闻在融合转型的探索中一直把技术放在重要地位。自创办开始，封面新闻就瞄准“黑科技”，把技术引领作为融合发展的第一标签。为加强技术力量，封面传媒自建了一支技术人才队伍，其中很多人有在知名互联网公司工作的经历，这是很多传统媒体所没有的。

封面新闻摆脱了以前跟着其他互联网公司走的惯性，把目标放在未来，以技术作为融合发展的核心驱动，在人工智能科技与媒体结合的领域发力，以此推动产品迭代和升级。除了机器学习和算法，封面新闻开发的封面云和CMS系统走在了媒体融合应用技术的前列。封面云精准定位，在国内传统媒体背景主导的云服务中，这是首个媒体技术服务开放平台，将云服务应用到传统媒体转型上，技术服务既有“B to C”向用户开放，更注重“B to B”为媒体融合发展服务，推动媒体从“内容为王”向“技术输出”转变，封面云从而有了突破意义。开发的数据BI分析系统，可以清晰地看到用户增长数、用户使用时长等用户数据，为封面新闻用户运营和产品运营提供数据支持。技术+封面，使封面传媒的系列产品生成了多样化价值。

（五）坚持开放分享，在合作发展中打造共进式生态

人工智能的影响已经渗透到各个领域，与此同时，新经济时代产生了新的运行规律，分享经济成为新的潮流，诞生了很多新的商业风口。在融合发展的途径上，传统媒体要快速实现转型升级，就不能完全依靠自己的力量，而要广泛寻求外部支持，在合作中成长、共赢、壮大。从封面传媒的实践来看，从一开始就摆脱了传统媒体封闭、独立式的发展惯性，以开

放的心态，在各个领域广泛谋求合作。其合作伙伴有政府，有商业机构，也有学术机构。可以看到，通过广泛合作，封面传媒正在建立一个重新连接社会资源的生态网，搭建与用户、企业互动分享的平台，在分享中打造全新的技术、信息与人多维连接的商业圈。

从实践结果来看，封面传媒实现了与互联网企业、高校、媒体等各大领域的全面合作，先后与微软、暴风科技集团、滴滴、阿里云、蚂蚁金服、百度、中国气象局华风爱科、BAT和华为、北京师范大学新闻学院、中山大学传播与设计学院等达成战略合作协议，在机器人对话、VR、内容、渠道、市场等方面深度合作。此外，与中国大数据应用大会等大型会议和活动合作，成功牵头或参与举办“大数据与智媒体论坛”“成都双遗马拉松”赛事等重大活动。开放合作全面开花，为产品影响力提升和构建产业生态圈打下了坚实有力的基础。

时代的巨变，让媒体生态进入深度调整期，改写了媒体融合的内涵和外延。21世纪以来，纸媒一直没有停止过办电子版、办网站，没有停止过与网络的融合，但鲜有成功的。《华西都市报》与封面新闻的融合实践，以“互联网+”为前提，以网络为主导，主动拥抱变化，构建立足未来的智媒体平台来推动媒体融合，在人工智能与媒体的结合点上发力，打开了融合转型的新窗口。这种探索与做法是传统媒体融合转型的有益尝试，其创新和变革具有标杆意义。

（作者蒋颖，中共四川省委省直机关党校教授）

专家点评

传统媒体融合转型的一记重拳

封面新闻打造“封巢智媒体系统”，是在我国传统媒体融合转型进入新的瓶颈期以来具有打破坚冰式重要示范意义和价值的标志性事件。“封巢智媒体系统”瞄准传媒技术发展的未来趋势，以人工智能为引领，以持续技术创新和持续产品赋能的新一代智媒体系统。

首先，封面新闻在媒体融合创新探索上定位高远，能够把握传媒技术发展的未来趋势，把脉当前我国传统媒体融合转型发展的技术、内容和管理“痛点”，构建三位一体的智媒体系统平台，即智能延展平台、智慧内容平台和知识管理平台。特别是“封巢智媒体系统”瞄准人工智能时代的发展趋势，找准“AI+媒体”的结合点，在管理、决策、效率上不断成长升级，试图打造新一代行业云SaaS（软件即服务），“App+网站+工作台”全套解决方案，彻底颠覆传统媒体行业内容生产流程，实现人工智能时代媒体、技术和用户的交互式融合，用人工智能的思维推进媒体融合。这不仅标志着封面新闻在智媒体领域迈出了崭新的一步，也是我国传统媒体融合转型创新进程中的标志性事件，具有重要的示范意义和启示作用。

其次，“封巢智媒体系统”上线运作以来，引发了业界和学界的高度关注，产生了重大的影响，已经初具“现象级平台”的雏形。特别是，其切中技术痛点的“开放性的技术延展平台”设计，通过将功能“模块化”与“集成化”，同时引入人工智能，实现了无限的后续升级可能，“智能三屏合一”可操作性强，蕴含巨大潜力。其切中内容痛点的“更智慧地生产内容平台”设计，采用热点监控系统、全网采集系统、内容管理系统和传播分析系统四个系统分别对应“策采编审发”以及“考”，初步实现了内容生产融合创新的迭代升级。而其切中管理痛点的“基于大数据驱动管理的平台”设计，运用大数据帮助版权追踪、智能考核、安全管理等；开发了远景BI系统，试图把整个行业移植在SaaS系统上；天眼可视化系统，融合地理位置，实时业务数据等；真正实现数据驱动管理，大大提高管理的效能。

总之，封面新闻打造的“封巢智媒体系统”，是在我国传统媒体融合转型进入新的瓶颈期，祭出的一记重拳，对于我国媒介融合创新发展的美好前景具有很大的想象空间，也有重要的示范意义和借鉴价值！

（作者杨魁，广东外语外贸大学新闻与传播学院院长、教授）

10 财新传媒数据新闻中心

财新的数据新闻业务始于2011年，这几年财新在数据可视化领域持续创新，不断地自我革命，始终保持着新闻生产领域的“供给侧改革”。

主题演讲

数据新闻的融合创新

近十年，尤其是近五年来（截至2017年），整个传统媒体都在经历着一波又一波浪潮。要拥抱浪潮，唯有创新，我们看到拒绝创新或者没有创新能力的业者已经倒在时代的变革中。实现创新，必须融入新的元素。财新数据新闻业务从2011年开始，到2017年，已经有六年时间。这几年，财新在数据可视化领域持续创新，不断地自我革命，始终保持着新闻生产领域的“供给侧改革”。从时间递进上看，变革分为以下五个层次。

首先是数据可视化新闻。在很多院校，老师和同学都对这块非常感兴趣，也的确，对中国的媒体生产而言，它是一个全新的形式。“数字说”栏目自2011年创立后，坚持每天推送，以数据图表为主要形式发布财经新闻报道。财经新闻天然有着丰富的数据资源，特别适合以可视化的方式呈现。具有视觉冲击力的可视化手段极大地丰富了我们的报道形式，为财新在新媒体转型的道路上增添了一个极具辨识度的标签。现在看来，信息图已不再是新鲜事物，但是在六年前，传统媒体的互联网转型刚刚兴起，连很多门户媒体都觉得这是一个新鲜有趣的形式。在当时，这还是很新锐的。回过头来看，那会还是略显青涩，就像“小学办板报”的思维一样，主要以视觉的美化为主，还不能称为真正的数据可视化。

财新能够坚持到今天，一定程度上是因为我们一直保持着专业的态度，提供具有深度的文本内容，并用专业的可视化手段来呈现作品，所以，在今天，财新“数字说”仍是一个很受欢迎的栏目。

第二个阶段，计算机辅助报道。我们可以在大屏幕上看到近年来的部分作品。《周永康的人与财》是2013年实验室成立以后的作品，它发表的时间比较早，受众广泛，在国内外获得很多奖项。将计算机辅助技术引入新闻报道，这在当时来说，的确是一大创举。这个作品取材于6万字的一个调查报道，这个调查报道本身篇幅非常长，信息量很大。我们在报告中抽取和提炼关键信息，用计算机技术把周永康及其家人、部属之间的勾连关系进行一个动态的揭示。这个作品不仅在国内获得了很多奖项，还在亚洲出版业协会获得了一个新闻奖，在欧洲也获得了一个多媒体的奖项。

还有我们在画面上看到的《青岛中石化管道爆炸事故》这个案例，以及带有水印的中国地图，这个是年终策划的报道。当时有篇封面报道叫《世纪洪水》，武汉因为2016年发生罕见的洪水，在这个报道中占有很大的篇幅。大家从图片中可以看到武汉降雨量很大，我们是以这种方式来还原2016年年度自然灾害的事件。这个洪水报道不仅是采用了以往的地图、交通等数据可视化的方式，还引入了VR体验的形式。所以，这个报告也获得了2017年SOPA的创新报道奖。

对于传统媒体来说，计算机技术以往是运用在平台建设或者是作为内容发布的一个技术支持。就比如很多媒体会有IT部门负责网络建设，实际上是为新闻发布提供支持。但是在我们的可视化报道中，计算机技术是参与到新闻内容的生产中的。所以，革新是在这个地方。我们做传统媒体的都知道，一个记者和一个编辑就可以完成一篇报道，但革新要求我们进行融合，也就是程序员要融入团队中。不管是10个记者，还是一组记者，其角色是一种，那就是文字内容的生产者。然而，在新的报道形式下，我们团队中要增设新的岗位、融入新的角色，包括视觉设计师，还有代码实现的工程师。那么，这可能对以文科生为主的传统媒体的生产过程提出了一个新的挑战。再往上游推，这对今天新闻院系学生要储备的技能也提出了新的要求。

我们在组建知识队伍时，遇到很多困难，因为我们不仅要跟互联网公司争夺交互设计师和工程开发师，还要去找对内容生产感兴趣的程序员和设计师，无论是在团队建设上，还是在生产过程中的融合上，这都是一个全新的尝试。

接下来，又进入一个新的阶段，就是融媒体报道。融媒体，我相信大家这两年经常会听到这个概念，关于这方面的讨论也非常多。其实，融媒体报道，并不是一个彻头彻尾的颠覆性的创新。传统媒体具有先发优势，在内容生产上占有很大优势，但是在新媒体技术上却处于弱势，过去十年，在网络媒体平台的冲击下，传统媒体溃不成军。

其实，融媒体报道并不复杂，我们以这个难民逃亡的作品为例。2015年11月份，一个沙滩上的小男孩给全世界人民留下了深刻的印象，在这之后，我们就开展了一组跟踪似的采访报道。我们有三组境外记者，在欧洲的德国、土耳其和希腊分别跟访了三组难民，在采访过程中，我们搜集到了文字、图片、视频等资料，并以地图的形式描绘他们的位置以及这个国家接收难民的情况，面对这么多素材，如何融合在一起成了问题。想一下，对于传统媒体来说，哪一个是我们不擅长的？其实大部分我们都擅长，只不过在过去，我们是通过一张报纸、一个杂志的版面来呈现它。但是，今天我们有了新的技术之后，我们可以把素材都融合在一起，而且可以实现它们在移动端的阅读。

在此，不得不提当时面临的一个巨大的挑战，那就是当传统媒体还在想怎么做互联网转型的时候，中国的移动互联网浪潮又来了。刚才，张院长提到“以传带宣”，是非常重要的，如果没有“传播”的话，信息内容再好，也无法被读者看到。然而，现在99%以上都是移动端流量。所以，我们这个作品是移动端的一个横屏的作品，基于我们之前积累的经验和技术，把这些素材有序地用一个融合的体验体现在移动端，就是我们在融媒体报道方面做出的尝试。这里的创新和融合，就是一个全新的呈现形式。

融合就是要我们突破团队界限，财新正主导来做这个创新的事情。数据可视化团队在财新内部是一个小分队，在深度报道上，要实现财新内部的跨团队融合。我们知道，在一个大的机构里面，跨部门、跨条线融合的协调成本往往挺高，我们这个跨团队融合要去跟条线记者、视频记者、摄影记者来开展以一个项目为单位的合作，才能为读者呈现融合的新闻报道。融合的团队，因项目建立而成立，随项目上线而解散。可能团队当中有些成员，并不是我们这个小分队实验室里面固定的一个成员，他会根据项目的需要来到团队，暂时地成立一个项目组。无论是团队融合，还是从产品的策划，再到团队的协调，这都是一个创新。今天，财新在融合的合作模式上，已经形成了一个专业的生产方式，而且还在以这样新的方式，产生新的报道。

2017年11月有一个气候大会，我们有一个记者在非洲做一个关于泥炭地的报道。在她出发之前，我们已经做出了一些手绘的原稿的原型，并要求那个记者去现场做一些什么样的拍摄，这其实是对一个既有流程的颠覆。以前都是记者开发一个素材，我们后期再剪，合适的就挑进来，不合适的就去掉。现在我们在出发前，就把要收集的素材精确到一个分镜头，让记者带着任务去完成他的采访和报道。

下一个就是大数据新闻。大数据和数据挖掘都是近两年比较流行的词。很多人觉得它很神奇，也有很多同学经常给我写信，说因为对大数据感兴趣，希望能够加入我们的团队。2017年上半年，我们做了一个关于大数据可视化的尝试，虽然这个作品的数据量，在大数据领域来说还是一个比较小的数据，但是用到的可视化的呈现手段对既有的新闻报道是一个很大的挑战。它是一个关于安邦的循环注资的图，它牵涉80多个自然出资人、100多家公司之间财务往来、循环注资的关系。200多个节点、800多组关系，对大数据来说，还是一个很小的数据，但是它呈现的手段和逻辑是一样的。

那么，在我们既有手段上，它不是靠一个设计师手绘就能完成的作品，必须要有技术的监督，而且这么多数据能够在网页中运行，对网页的性能是有要求的。所以这对我们来说，是一个非常重要的节点性的尝试。这个上线之后，不仅得到了读者的极大关注，而且它作为一个商业领域的商业性现象，也得到了很多专业人士的关注。如果没有大数据性能的介入，这样的作品对新闻机构来说是难以想象的。这也得益于财新在2016年组建的大数据团队，为新闻提供包括大数据采集、挖掘和分析在内的支持。

再往下说，就是我们现在正在进入的第五个阶段，商业化探索。数据新闻虽然在这几年迅速地被媒体和读者认识，但是仍然是新闻报道的形式之一，商业化的道路和其他新闻一样，都比较难走，但我们已经开始找到一些方向。财新的专业的读者当中，有相当一部分对商业做过深度的挖掘和分析，对可视化有刚性需求。这种类型的新闻不仅满足了他们作为读者的阅读需求，也满足了他们在专业工作领域的一些资讯上的需求。所以，我们又开发了阿里、腾讯、百度、海航等财团的知识图谱，这个已经超越了普通新闻，赋予其越来越多的产品功能。这些都说明，数据新闻已经不再是一个被免费提供的服务，它包含了大量的商业数据信息，使我们的商业变现开始成为可能。财新也希望能够为新闻行业开个好头，为业界同行们积累一些有益的经验。

（演讲者黄晨，财新传媒数据新闻中心主任）

案例分析

数据新闻是如何出炉的

从2009年开始，数据新闻出现于美国的《纽约时报》和英国的《卫报》等知名媒体报道中。2013年，纽约时报的《雪崩》获得普利策奖，引起国际业界的极大关注，《华盛顿邮报》、路透社、彭博社、BBC、ProPublica等媒体先后启动数据新闻业务。

国际知名媒体在数据新闻方面的实践引起了国内媒体人的注意。网易、搜狐等门户网站较早对数据新闻进行尝试。2013年，笔者在财新传媒创办数据可视化实验室，并大投入发展数据新闻，之后连续两年三次荣获亚洲新闻奖等。与此同时，腾讯、澎湃新闻、新华网、浙江新闻等亦纷纷组织团队创作数据新闻。

什么是数据新闻

数据新闻是可视化与精确新闻报道的结合。可视化分为科学可视化、信息可视化与可视分析三个领域。

数据新闻主要表现为信息图、互动图表与可视化视频，亦有其他形式。新闻可以用静态的图表即信息图来表现，也可以用代码即互动图表来实现。本文所说的数据新闻是狭义的数据新闻，特指互动图表。互动图表借助HTML5、CSS3和JavaScript等计算机语言，在网页上呈现图表，通过电脑或手机等设备展示，支持用户互动，以呈现数据驱动的新闻。

数据新闻实践：以财新数据可视化实验室为例

（一）数据新闻团队的构建

财新数据可视化实验室有十几个成员，根据需要组成不同的项目组，完成不同的数据新闻。做数据新闻理论上需要四种角色：记者编辑、数据分析师、美术设计师、程序员。其中记者编辑必不可少，负责内容的组织；数据分析师负责数据搜集、整理与清洗；美术设计师负责图形的设计与优化；程序员负责用代码呈现图形。

在实际操作中，往往一个人会身兼数职，所以一个项目极有可能由三四个人及以上完成。

（二）数据新闻生产的七个步骤

1. 找选题。数据新闻的选题是根本。选题会决定新闻的重要性，但重要选题往往会有多个媒体同时跟进，其内容的深度和形式决定媒体的影响力与关注度。

2. 找角度。同一选题可以从不同的角度去表现。在一个报道中，哪些角度最引人关注，哪些素材最适合做数据新闻，需要团队花时间去探讨。

以《周永康的人与财》为例，原素材有6万字，财新数据可视化实验室团队仔细阅读文章后，发现其中一个角度特别有意思：人际关系与公司关系。

首先，这起案件涉及几十个被调查的人，有周永康的直系亲属、亲家、下属，甚至下属的下属。如果能把这几十个人的关系讲清楚，将是一个合适的数据新闻角度。其次是公司，案件涉及的一百多家公司，都由周氏家族直接或间接持有，并获取利益。这些公司有的并不直接在周氏家族成员名下，有的已经转让。能不能把这些公司讲清楚，也是很有意思的事情。因此，财新团队决定从人和公司的角度做数据新闻。

3. 数据搜集整理和清洗。前两步可视为策划阶段，以口头讨论为主，如果觉得不合适可以推倒重来，成本损失较低。从第三步进入实操环节，由于新闻报道中包括数量庞杂的数据信息，会有较大的工作量。采编人员在采访及撰写新闻报道时，须搜集大量数据。数据分析师从报道中提取出数据并放到Excel文件中整理、查找规律，以数据库的格式进行储存。

为什么要整理成有规律的数据？该步骤便于后期程序员写代码时提取数据。除了把数据按各个字段分开，还要将错误的数字剔除，再整理成统一的格式，这个过程称为数据清洗。

4．数据分析。分析新闻中提取出的数据特征。团队发现本案例有两个关键点：人和公司。围绕核心关键点的关系有三种：一是人与人之间的关系，二是人与公司之间的关系，三是公司与公司之间的关系。

人与人之间的关系可以归纳为三种：血缘关系、利益关系和工作关系。本团队将周案中囊括的人际关系合并为直系亲属、上下级和老板秘书。直系亲属关系是相互的，无明确方向性，而上下级与老板秘书关系具有明确的方向性，需要说明谁是谁的下级，谁是谁的秘书。

人与公司、公司与公司的关系也可以归纳为三种：现股东、前股东与获益者。周案中也可合并为两种：一是持股，二是转让或收益。接下来对这些数据做定性分析和展示。

5．选择合适的图形。这个环节开始即进入数据可视化阶段，必须找出最合适的图形来表现前述的数据并不断改进，让图形更简洁和准确。《周永康的人与财》案例的数据可视化过程中，本团队采用选择图形与优化两个步骤。

（1）选择图形：用点表现人，用线表现关系。人际关系简化为一些相互连接的点和线。

（2）优化：将点平均分布到一条直线上，用弧线表示人与人的关系和持股公司，再添加一些运动的小点表示线头的指向，使得整个图形美观、整齐、有规律，如图1。

还有一个技巧，就是反复调整点的前后位置，以便弧线的交叉最少。在图2中，左右两个图形的弧线交叉全部被清除。

6．丰富图形的内涵。团队将前述周案中的三种人际关系用三种颜色表示，人与公司的两种关系用两种颜色表示。读者根据不同颜色就能明确案例中的各种关系。再将代表人的一行放在上方，代表公司的一行放在下方，用直线把人与公司关系从上到下连接起来，由此构成整个图形的骨架。

7．用代码呈现图形。最终要将设计好的图形用代码呈现出来。如图3所示，这个作品最终在一个屏幕空间呈现了三万字的信息。在可视化过程中，演示的图形要比实际作品简单。但再复杂的作品，也可以按照上述思路按部就班地实现，一切均有章可循。实际操作中还有很多需要考虑和丰富的地方。例如，如何引导用户视线？如何避免用户眼花缭乱？能否控制用户的浏览次序？能否在阶段性隐藏次要内容的同时突出主要内容？

有的新闻工作者没有写代码的能力，怎么办？两个办法：第一是自己学写代码，第二是找能写代码的人合作。

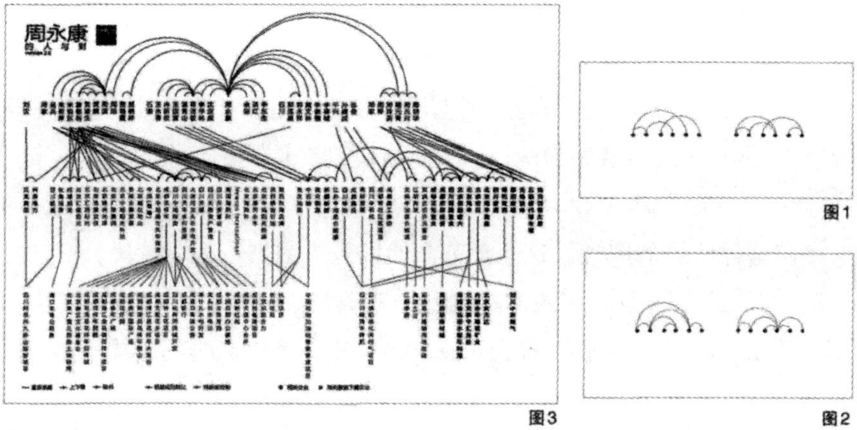

《周永康的人与财》案例的数据可视化过程

数据新闻的发展及认识误区

（一）为何要发展数据新闻

首先，数据新闻是新媒体时代重要的新闻表现形式。随着互联网和移动媒体的发展，用户越来越多地将时间消耗在手机和电脑屏幕上。单纯的文字、音频和视频已不能满足用户的需求，用户希望通过多媒体手段获取更丰富的信息，数据新闻应运而生。数据新闻结合文字、图表、音频、视频等，提供给用户更丰富的内容，更多种的互动操作方式，从而吸引更多的注意力。

其次，数据新闻是媒体工作者技术转型最好的切入点。媒体的发展要求未来的媒体工作者除写作之外，还要掌握数据处理能力和编程能力，以提升调查能力和表现能力。但现实情况是，中国的采编人员往往以文科生为主，没有系统学习过计算机技术，即使想学习，也无从下手。

对希望推动采编人员学习技术的媒体来说，数据新闻投资少见效快，看得见摸得着。一方面，数据新闻所用到的技术以前端网页技术为主，是计算机技术领域中相对简单的部分，学习难度低，有助于采编人员克服学习技术的畏惧心理；另一方面，数据新闻表现力强，参与者容易获得成就感。

最后，数据新闻是媒体生产流程改革的必然要求。传统媒体转向新媒体，并不是将内容呈现在“两微一端”（微博、微信和手机客户端）那么简单，而是从思想上、从运行机制上转向互联网化。

在传统新闻的生产流程中，记者和编辑组成的采编人员处于生产流程的上游，设计师和程序员处于生产流程的下游，而在数据新闻的生产过程中，传统的上下游关系被打破。设计师和程序员必须从讨论选题阶段就与采编人员一起参与到新闻生产中。首先要判断新闻是否有足够的数据，其次是用什么形式来表现。根据设计师的设计方案，程序员要判断开发的难度和成本，待设计和技术方案都确定之后，有可能还会要求采编人员补充更多的数据。三者形成平等密切的合作关系，设计师和程序员产生强烈的参与感与成就感，并因此对新闻产生浓厚的兴趣。

2014年，财新数据可视化实验室的作品《青岛中石化管道爆炸事故》获得亚洲出版业协会颁出的卓越新闻奖，这是中国数据新闻作品首次在国际上获奖，更是中国新闻史上首次由程序员获得新闻奖。

（二）关于数据新闻的两个认识误区

误区一：认为数据新闻会解决当前媒体的困境。

当前媒体最大的困境是渠道丢失。以纸媒为例，传统渠道是印刷和发行，在互联网出现后受到巨大的冲击。从20世纪末开始，用户更倾向于用门户看新闻，纸媒渠道开始丢失，三大门户上市；之后主渠道转到了搜索引擎，百度上市；再之后社交媒体兴起，用户注意力转到 QQ 空间、微博、微信；如今又出现了今日头条等分发方式。这些渠道的转移不是数据新闻所能解决的问题。

误区二：认为数据新闻会取代新闻写作。

数据新闻只是与文字、图片、音频、视频等并行的一种新闻报道形式，它不可能也不应该取代写作或其他的手段。相反，数据新闻的表现方法中包括了其他所有形式，所以只有其他手段都熟练掌握，才有可能生产出高质量的数据新闻。

（作者黄志敏，财新传媒前首席技术官、可视化实验室创始人；作者张玮，华中师范大学武汉传媒学院教师）

“专家点评

优质内容黏性与创新尝试的引领者

在中国的所有媒体中，财新传媒之所以卓尔不群、令人尊敬，主要来源于它的“变”与“不变”。财新传媒总能走在时代前列，玩出多项“第一”。在国内媒体较早地进行了数据新闻的尝试；当很多媒体都相继跟进数据新闻时，财新又跳出数据新闻，综合各种表现形式和技术手段，进行融合新闻报道；再后来，当很多媒体都进入融合新闻报道领域时，财新又推出了大数据新闻；2016年底，又大胆启动内容付费，成为国内首家全平台实施新闻全面收费的媒体，并且效果不错。

财新引领国内媒体的种种“变”，之所以有足够的胆量、勇气、魄力成为第一个吃螃蟹者，且大多都是成功的，根本就在于财新拥有足够的底气和实力——优质、独家的内容，这正是财新的“不变”。财新定位于严肃财经新闻，精确把握垂直细分类的信息服务，优质而独家的内容，为其赢得了一大批高端、稳定的忠实读者群，产生了巨大的用户黏性。

优质内容带来的巨大用户黏性+不断创新大胆尝试，正是财新传媒的成功秘诀和魅力所在。

（作者陶建杰，中山大学传播与设计学院教授）

代跋

做应用新闻传播创新的见证者、观察者和推动者

——在2017中国应用新闻传播论坛开幕式上的讲话

张志安

2017年的金秋十月，我们相会在武汉，共同参加由中国新闻史学会应用新闻传播学研究会主办，湖北大学新传院和湖北大学媒介发展研究中心承办，《新闻大学》《现代传播》和中国传媒出版社等协办的“2017应用新闻传播论坛”。

湖北大学新闻传播学院办学30年，走过了从起步、发展到不断壮大的过程，今天已经成为湖北乃至全国具有广泛影响、优质声誉的新闻教育机构。据说，有三个“三分之一”可以证明这所学院的办学成就：在湖北，有三分之一的媒体老总是这个学院培养的，三分之一的媒体中层干部是这个学院培养的，还有三分之一的特级教师是这个学院培养的。足可见，学院办学的实力和成果。在这里，首先要代表我们学会感谢这次能跟湖北大学新闻传播学院一起主办应用新闻传播论坛，同时代表学会也代表中山大学传播与设计学院祝贺湖北大学新闻传播学院成立30周年。

中国新闻史学会应用新闻传播学研究会成立于2016年4月，以“繁荣新闻实务研究、促进应用传播发展”为宗旨，共有110家理事单位、34家

常务理事单位。成立以来，已举办两届学术年会、一届“普惠新闻奖”评选活动、一次新闻实务教学论坛，在媒体业界和新闻学界产生了越来越大的影响。这次在武汉举办首届中国应用新闻传播论坛，同时推出“2017中国应用新闻传播十大创新案例”评选和颁奖大会，就是要真正搭建关注中国应用新闻传播创新实践的窗口，提供一个学界给业界颁奖，尤其是业界和学界真正对话的平台。

“应用新闻传播十大创新案例”评选本身也带有“创新”色彩：第一，我们并不只评选传统意义上新闻媒体的表现，更关注新新闻生态系统下泛新闻领域新行动者的实践，因此除了专业媒体之外，平台媒体、机构媒体、自媒体都是我们所要评选和奖励的对象；第二，我们并不只评选新闻或泛新闻内容的生产，更要关注与新闻相关的技术、产品、创意、算法和传播等一切环节，因此，具有极强的移动互联色彩和媒介融合特征；第三，这个奖无须新闻媒体或媒体机构来申报，而是经过我们主动提名、投票直接产生，因此更加公平公正公开。

2017年，我们遴选“应用新闻传播十大创新案例”的基本流程是：由学会的常务理事们一起建议2017年在应用新闻传播领域表现突出的候选案例，然后遴选出15个提名案例，之后由学会副会长以上代表投票，根据得票多少直接排出获奖名单。我相信，只要这个评选一年又一年持续下去，它必将成为应用新闻传播领域最权威的“学会奖”，也将成为观察媒体转型与融合变革的最佳“窗口”，同时，每年一度把获奖单位的负责人邀请在一起进行主题演讲也将成为富有特色和影响的传媒高端论坛。

我们鼓励应用新闻传播领域的实践创新，同时，也要追求应用新闻传播研究的创新。如何把握新新闻业态重塑传媒格局，如何预见互联网与物联网深度融合的技术变革，如何理解移动互联网再造网络化关系社会的当下语境，如何在业务化生产和专业化生产重置的环境下开启应用新闻传播研究的新范式……这些问题，既是学界，也是业界的。为此，我们需要建立面对不确定时代的确定性，即对传播规律和根本逻辑的洞察，对自我学习和社会学习能力的掌握，对学术研究新对象、新问题和新挑战的回应。

我们需要“否思”，也需要“重建”，我相信论坛上的主题演讲和学术交流，一定会让我们在迎接媒体融合的“新时代”中有所受益、有所沉思。同时，中国新闻史学会应用新闻传播学研究会也愿意搭建学界和业界围绕应用新闻传播进行交流合作的桥梁，努力成为中国应用新闻传播实践创新的见证者、观察者和推动者！

（作者为中山大学传播与设计学院院长、教授，中国新闻史学会应用新闻传播研究会会长）